JN115325

証券外務員

一種

対策問題集

2024～
2025

J-IRIS●編

ビジネス教育出版社

このテキストについて

◆本書中の『2024年版　特別会員外務員必携（電子書籍）』からの転載、及び参照とした箇所の著作権は、日本証券業協会にあります。

◆本書の内容に関する一切の責は、株式会社日本投資環境研究所及び株式会社ビジネス教育出版社に帰属します。
内容についてのご不明な点は、ビジネス教育出版社までお問い合わせください。

◆本書の内容は、原則、2024年4月1日時点の法令諸規則等に則したものです。

◆本書は、「特別会員 一種 外務員（証券外務員）資格試験」を受験される方のための学習教材です。各試験の出題範囲の中から、頻出の内容をもとに構成しています。

◆試験制度や法令諸規則等の変更及び誤植等に関する情報につきましては、ビジネス教育出版社ホームページにて随時ご案内致しますのでご確認ください（https://www.bks.co.jp）。

〜 はじめに 〜

　特別会員 外務員（証券外務員）資格試験に合格するためには、日本証券業協会の『特別会員外務員必携（電子書籍）』（以下『必携』という）の理解が必要です。しかし、『必携』の内容を理解するには、膨大な労力を要します。

　そこで、本書『2024〜2025　特別会員　証券外務員　[一種] 対策問題集』は、『必携』を要約し、過去に出題された問題や、制度の改正を踏まえて作成しています。
　まずは問題を解き、間違った場合は、なぜ間違ったのかを「解答」欄の解説を読んで、理解しましょう。
　それでも理解できないときは、『2024〜2025　特別会員　証券外務員　学習テキスト』を読んでください。『学習テキスト』は、単元ごとに必携を要約し、ポイントをまとめています。
　また、本書の「解答」には、この『学習テキスト』の掲載ページが記載されていますので、該当ページで詳細を確認することができます。

　「『学習テキスト』に目を通してから問題を解く」、又は「問題を解いてから『学習テキスト』で確認し、理解する」等、ご自身で学習計画を立てることで、効率化を図るとともに、内容の理解度を深めていただきたいと思います。

　もし、同じ問題を解いても3〜4回間違った場合は、それがあなたの「弱点問題」です。この「弱点問題」を確実に理解すること、弱点を克服することが、「合格」に結びつくのです。

　巻末に本試験に即した模擬想定問題を2回分用意しています。学習の総仕上げとして受験前に時間（100分）を計って実際の試験のつもりで臨んでください。

　ぜひ、本書を活用して、合格を勝ち取ってください。

2024年6月
日本投資環境研究所

特別会員 一種外務員資格試験の概要は、以下のとおりです。

受 験 資 格	①特別会員である登録金融機関の役職員及びその採用予定者 ②特別会員の支配会社（いわゆる純粋持株会社）の役職員 　及びその採用予定者 ③協会が承認した特別会員の関連会社の役職員 ④金融商品仲介業者の役職員及びその採用予定者
受 験 手 続 き	受験申込みの手続きは、すべて特別会員の担当部門が行います。
試 験 形 式	①○×方式　　　②四肢選択方式
出 題 数	合計45問（○×方式25問、四肢選択方式20問） （○×方式１問５点、四肢選択方式１問10点）
試 験 方 法	試験の出題、解答等はすべてPCにより行われます。 操作はマウスを使用します（電卓はPCの電卓を用います）。 なお、筆記用具や携帯電話の持ち込みは禁止されています。
試 験 時 間	１時間40分
合 否 判 定 基 準	325点満点のうち７割（230点）以上の得点で合格です。
合 否 結 果	試験日の２営業日後に、担当者に通知されます。 なお、不合格の場合、不合格となった試験の受験日の翌日から 起算して30日間は受験することができません。

試験の出題科目は、以下のとおりです。

法 令 ・ 諸 規 則	○金融商品取引法 ○金融商品の勧誘・販売に関係する法律 ○協会定款・諸規則	予想配点 110点 ／325点
商 品 業 務	○債券業務　　　　　○CP等短期有価証券業務 ○投資信託及び投資法人に関する業務[※1] ○デリバティブ取引[※2] ○その他の金融商品取引業務	予想配点 195点 ／325点
関 連 科 目	○証券市場の基礎知識 ○セールス業務	予想配点 20点 ／325点

【注】　上記には、取引所定款・諸規則、証券投資計算、証券税制を含みます。
【※1】投資信託及び投資法人に関する法律を含みます。
【※2】2016年４月１日以降、「債券先物取引」、「債券オプション取引」及び「特定店頭デリ
　　　バティブ取引等」が統合され、「デリバティブ取引」となりました。

一種外務員資格（特別会員）試験　予想配点

	科　　目	問題数		配点
		○×	4択	
第2章	金融商品取引法	4	2	40
第3章	金融商品の勧誘・販売に関係する法律	2	1	20
第4章	協会定款・諸規則	2	4	50
第7章	債券業務	2	3	40
第5章	投資信託及び投資法人に関する業務	3	4	55
第8章	CP等短期有価証券業務	1	0	5
第9章	その他金融商品取引業務	1	0	5
第1章	証券市場の基礎知識	2	0	10
第6章	セールス業務	2	0	10
第10章	デリバティブ取引	6	6	90
	合計	25	20	325

出 題 順　「金融商品取引法」から、上記表の科目順に出題されます。
　　　　　なお、同じ科目の中では「○×方式」「四肢選択方式」が混在します。

予想配点　（株）日本投資環境研究所の調査により配点の予想をしました。

本書の見方・使い方

〈弱点問題をチェック〉
問題を間違えた場合、四角部分にチェックを入れてください。もし4回チェックがつくようであれば、それがあなたの「弱点問題」です。
問題そのものを書き写すなどして、確実に解けるよう理解を深めましょう。

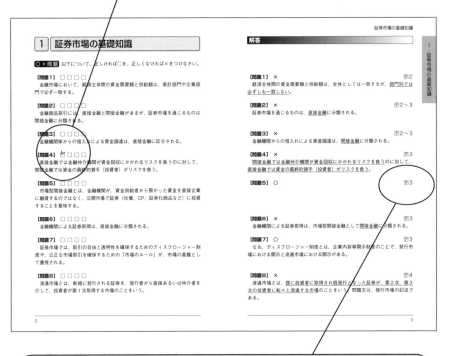

〈参照ページ〉
当社発行の学習テキストの掲載ページを参照することで、内容に立ち返って確認することができます。
略称は、以下のとおりです。
テ……『2024～2025 特別会員 証券外務員 学習テキスト』

習熟チェック表

各科目の問題数が、いつ、どれだけ解けたかを記録できるチェック表です。
科目の復習や試験日に向けた習熟確認など、学習のめやすとしてお使いください。

科　目 ＼ 学習日	月　　日		月　　日		月　　日		月　　日	
①証券市場の基礎知識 [全24問]	正解	問	正解	問	正解	問	正解	問
	正解率	％	正解率	％	正解率	％	正解率	％
②金融商品取引法 [全95問]	正解	問	正解	問	正解	問	正解	問
	正解率	％	正解率	％	正解率	％	正解率	％
③金融商品の勧誘・販売に関係する法律 [全36問]	正解	問	正解	問	正解	問	正解	問
	正解率	％	正解率	％	正解率	％	正解率	％
④協会定款・諸規則 [全89問]	正解	問	正解	問	正解	問	正解	問
	正解率	％	正解率	％	正解率	％	正解率	％
⑤投資信託及び投資法人に関する業務 [全90問]	正解	問	正解	問	正解	問	正解	問
	正解率	％	正解率	％	正解率	％	正解率	％
⑥セールス業務 [全25問]	正解	問	正解	問	正解	問	正解	問
	正解率	％	正解率	％	正解率	％	正解率	％
⑦債券業務 [全91問]	正解	問	正解	問	正解	問	正解	問
	正解率	％	正解率	％	正解率	％	正解率	％
⑧CP等短期有価証券業務 [全14問]	正解	問	正解	問	正解	問	正解	問
	正解率	％	正解率	％	正解率	％	正解率	％
⑨その他の金融商品取引業務 [全14問]	正解	問	正解	問	正解	問	正解	問
	正解率	％	正解率	％	正解率	％	正解率	％
⑩デリバティブ取引 [全109問]	正解	問	正解	問	正解	問	正解	問
	正解率	％	正解率	％	正解率	％	正解率	％
合計 [全587問]	正解	問	正解	問	正解	問	正解	問
	正解率	％	正解率	％	正解率	％	正解率	％

特別会員

試験対策問題［一種］

1 | 証券市場の基礎知識

○×問題 以下について、正しければ○を、正しくなければ×をつけなさい。

[問題1] □ □ □ □

金融市場において、経済主体間の資金需要額と供給額は、家計部門や企業部門で必ず一致する。

[問題2] □ □ □ □

金融商品取引には、直接金融と間接金融があるが、証券市場を通じるものは間接金融に分類される。

[問題3] □ □ □ □

金融機関等からの借入れによる資金調達は、直接金融に区分される。

[問題4] □ □ □ □

直接金融では金融仲介機関が資金回収にかかわるリスクを負うのに対して、間接金融では資金の最終的貸手（投資者）がリスクを負う。

[問題5] □ □ □ □

市場型間接金融とは、金融機関が、資金供給者から預かった資金を直接企業に融資するのではなく、公開市場で証券（社債、CP、証券化商品など）に投資することを意味する。

[問題6] □ □ □ □

金融機関による証券取得は、直接金融に分類される。

[問題7] □ □ □ □

証券市場では、取引の自由と透明性を確保するためのディスクロージャー制度や、公正な市場取引を確保するための「市場のルール」が、市場の基盤として重視される。

[問題8] □ □ □ □

流通市場とは、新規に発行される証券を、発行者から直接あるいは仲介者を介して、投資者が第1次取得する市場のことをいう。

解答

[問題1] ×　　　　　　　　　　　　　　　　　　　　　テ2

　経済主体間の資金需要額と供給額は、全体としては一致するが、<u>部門別では必ずしも一致しない</u>。

[問題2] ×　　　　　　　　　　　　　　　　　　　　テ2〜3

　証券市場を通じるものは、<u>直接金融</u>に分類される。

[問題3] ×　　　　　　　　　　　　　　　　　　　　テ2〜3

　金融機関からの借入れによる資産調達は、<u>間接金融</u>に分類される。

[問題4] ×　　　　　　　　　　　　　　　　　　　　　テ3

　<u>間接金融では金融仲介機関が資金回収にかかわるリスクを負う</u>のに対して、<u>直接金融では資金の最終的貸手（投資者）がリスクを負う</u>。

[問題5] ○　　　　　　　　　　　　　　　　　　　　　テ3

[問題6] ×　　　　　　　　　　　　　　　　　　　　　テ3

　金融機関による証券取得は、市場型間接金融として<u>間接金融</u>に分類される。

[問題7] ○　　　　　　　　　　　　　　　　　　　　　テ3

　なお、ディスクロージャー制度とは、企業内容等開示制度のことで、発行市場における開示と流通市場における開示がある。

[問題8] ×　　　　　　　　　　　　　　　　　　　　　テ4

　<u>流通市場とは、既に投資者に取得され既発行となった証券が、第2次、第3次の投資者に転々と流通する市場のこと</u>をいう。問題文は、発行市場の記述である。

[問題9] ☐ ☐ ☐ ☐
発行市場と流通市場は、独立した市場であり、相互依存関係にはない。

[問題10] ☐ ☐ ☐ ☐
金融商品取引法上の投資者保護とは、証券投資に関する情報を、正確かつ迅速に投資者が入手でき、また、不公正な取引の発生から金融商品取引業者等を回避させることが基本となる。

[問題11] ☐ ☐ ☐ ☐
「自己責任原則」とは、投資者は、自己の判断と責任で投資行動を行い、その結果としての損益はすべて投資者に帰属することをいう。

[問題12] ☐ ☐ ☐ ☐
証券取引等監視委員会は、金融商品取引業界における自主規制機関の1つである。

[問題13] ☐ ☐ ☐ ☐
証券取引等監視委員会は、インサイダー取引や証券会社による損失補填等の行為について強制調査権を有するが、違反者を捜査当局に告発することはできない。

[問題14] ☐ ☐ ☐ ☐
証券保管振替機構とは、国債以外の有価証券の決済及び管理業務を集中的に行う日本で唯一の証券決済機関で、有価証券の振替制度を運営している。

[問題15] ☐ ☐ ☐ ☐
投資者保護基金の補償対象は、すべての顧客の預り資産である。

[問題16] ☐ ☐ ☐ ☐
投資者保護基金の補償限度額は、1店舗当たり1,000万円とされている。

[問題17] ☐ ☐ ☐ ☐
日本銀行の金融政策の目的には、金利の安定と金融システムの安定がある。

解答

[問題9] ×　　　　　　　　　　　　　　　　　　　　　　　　　テ4

発行市場にとっては、公正で継続的な価格形成と換金の可能性が高い（流動性が高い）流通市場が不可欠であり、両市場は有機的に結びついている。

[問題10] ×　　　　　　　　　　　　　　　　　　　　　　　　テ5

不公正な取引の発生から、投資者を回避させることが基本となる。

[問題11] ○　　　　　　　　　　　　　　　　　　　　　　　　テ5

[問題12] ×　　　　　　　　　　　　　　　　　　　　　　　　テ6

証券取引等監視委員会は、自主規制機関ではなく、金融庁長官から一定の権限を受けた公的規制機関である。なお、自主規制機関には、各金融商品取引所、日本証券業協会、投資信託協会などがある。

[問題13] ×　　　　　　　　　　　　　　　　　　　　　　　　テ6

証券取引等監視委員会は、強制調査権に基づき違反者を捜査当局に告発することができる。

[問題14] ○　　　　　　　　　　　　　　　　　　　　　　　　テ6

[問題15] ×　　　　　　　　　　　　　　　　　　　　　　　　テ7

投資者保護基金の補償対象は、機関投資家等のプロを除く顧客の預り資産である。

[問題16] ×　　　　　　　　　　　　　　　　　　　　　　　　テ7

投資者保護基金の補償限度額は、顧客1人当たり1,000万円とされている。

[問題17] ×　　　　　　　　　　　　　　　　　　　　　　　　テ7

日本銀行の金融政策の目的には、物価の安定と金融システムの安定がある。

[問題18] □ □ □ □

銀行は、金融商品の仲介を行うことはできない。

[問題19] □ □ □ □

サステナブルファイナンスのうち、教育（Education）、社会（Social）、ガバナンス（Governance）の３つの要素を投資決定に組み込むことをESG投資という。

[問題20] □ □ □ □

サステナブルファイナンスは、特定の金融商品や運用スタイルを指す言葉ではなく、持続可能な社会を支える金融の制度や仕組み、行動規範、評価手法等の全体像を指す。

[問題21] □ □ □ □

ESG要素を考慮する手法として、特定の業界や企業、国などを投資対象から除外するネガティブ・スクリーニングがある。

[問題22] □ □ □ □

サステナビリティボンドは、環境にも社会にもポジティブなインパクトを与えるプロジェクトに資金使途を限定して発行される債券である。

[問題23] □ □ □ □

環境や社会的課題に資するプロジェクトに資金が使われる債券を、サステナビリティ・リンク・ボンドという。

[問題24] □ □ □ □

金融庁が公表した「ESG評価・データ提供機関に係る行動規範」の６原則とは、品質の確保、人材の育成、独立性の確保・利益相反の管理、透明性の確保、守秘義務、企業とのコミュニケーションである。

解答

[問題18] ×　　　　　　　　　　　　　　　　　　　　　テ7、36
銀行は、金融商品の<u>仲介</u>を行うことができる。

[問題19] ×　　　　　　　　　　　　　　　　　　　　　テ8
ESG投資のEは、<u>教育（Education）ではなく、環境（Environment）</u>である。

[問題20] ○　　　　　　　　　　　　　　　　　　　　　テ8

[問題21] ○　　　　　　　　　　　　　　　　　　　　　テ9

[問題22] ○　　　　　　　　　　　　　　　　　　　　　テ10

[問題23] ×　　　　　　　　　　　　　　　　　　　テ10〜11
　サステナビリティ・リンク・ボンドは、SDGs債のように資金使途を限定しない代わりに、<u>発行体が自らのサステナビリティ戦略に基づくKPIを投資家に対し明示し、KPI毎に１つ若しくはそれ以上のSPT（s）を設定した上で、SPTの達成状況に応じて利払いや償還等の条件を変える債券</u>である。問題文は、資金使途特定型のSDGs債であるサステナビリティボンドの記述である。

[問題24] ○　　　　　　　　　　　　　　　　　　　　　テ12

2 | 金融商品取引法

○×問題 以下について、正しければ○を、正しくなければ×をつけなさい。

[問題1] □ □ □ □
　金融商品取引法が規制対象としている有価証券の範囲には、株券や債券、約束手形は含まれるが、小切手は含まれない。

[問題2] □ □ □ □
　有価証券に表示されるべき権利は、株券の電子化や振替国債など、その有価証券が発行されていない場合、当該権利は有価証券とはみなされない。

[問題3] □ □ □ □
　有価証券の取次ぎとは、委託者の名をもって自己の計算で有価証券を買い入れ又は売却すること等を引き受けることをいう。

[問題4] □ □ □ □
　有価証券の引受けとは、有価証券の募集若しくは売出し又は私募若しくは特定投資家向け売付け勧誘等に際し、発行体・売出人のためにその販売を引き受ける契約を締結することをいう。

[問題5] □ □ □ □
　有価証券の売出しとは、多数の者（50名以上）に対し、既に発行された有価証券の売付けの申込み又はその買付けの申込みを勧誘することをいう。

[問題6] □ □ □ □
　有価証券の私募とは、新たに発行される有価証券の取得の申込みの勧誘であり、適格機関投資家、特定投資家や少人数の投資家を対象とするため有価証券の募集に該当しないものをいう。

[問題7] □ □ □ □
　金融商品取引法では、金融商品取引業を、第一種金融商品取引業、第二種金融商品取引業、投資助言・代理業及び投資運用業の4種類に分類し、参入規制を柔軟化している。

解答

[問題1] × ㊉16〜17
株券及び債券は含まれるが、<u>約束手形や小切手は含まれない</u>。

[問題2] × ㊉17
有価証券に表示されるべき権利は、株券の電子化や振替国債など、<u>その有価証券が発行されていなくても、その権利を有価証券とみなす</u>。暗号等資産（いわゆる仮想通貨）などもこれに含まれる。

[問題3] × ㊉18
取次ぎとは、<u>自己の名</u>をもって<u>委託者の計算</u>で有価証券を買い入れ又は売却すること等を引き受けることをいう。なお、自己とは金融商品取引業者又は登録金融機関、委託者とは顧客のことである。

[問題4] ○ ㊉18

[問題5] ○ ㊉19

[問題6] ○ ㊉19
なお、他の者に譲渡されるおそれが少ないものという要件がある。

[問題7] ○ ㊉20

【問題8】 ☐ ☐ ☐ ☐

金融商品取引業者等は、勧誘員、販売員、外交員その他いかなる名称を有する者であるかを問わず、その役員又は使用人のうち、その金融商品取引業者等のために一定の行為を行う者について、内閣府令で定める場所に備える外務員登録原簿に登録を受けなければならない。

【問題9】 ☐ ☐ ☐ ☐

金融商品取引業者等は、投資者保護上問題がないと認められる場合に限り、登録を受けた外務員以外の者に外務員の職務を行わせることができる。

【問題10】 ☐ ☐ ☐ ☐

内閣総理大臣（金融庁長官）は、登録の申請に係る外務員が欠格事由のいずれかに該当する者である場合は、外務員の登録を拒否しなければならない。

【問題11】 ☐ ☐ ☐ ☐

他の金融商品取引業者等に登録されている者や、監督上の処分により外務員登録を取り消されてから7年を経過していない者は、外務員登録ができない。

【問題12】 ☐ ☐ ☐ ☐

内閣総理大臣（金融庁長官）は、登録を受けている外務員が登録金融機関業務に関し、法令に違反したときは、その登録を取り消し、又は期間を定めてその職務の停止を命ずることができる。

【問題13】 ☐ ☐ ☐ ☐

外務員は、その所属する金融商品取引業者等に代わって、有価証券の売買等法律に規定する行為に関し、一切の裁判上及び裁判外の行為を行う権限を有するものとみなされる。

【問題14】 ☐ ☐ ☐ ☐

金融商品取引業者等は、金融商品取引法に違反する悪質な行為を外務員が行った場合でも、その行為が代理権の範囲外であれば、監督責任は免れる。

【問題15】 ☐ ☐ ☐ ☐

金融商品取引業者等は、外務員の行った行為に対していかなる場合でも責任を負わなければならない。

解答

[問題8] ○ 〒21

なお、内閣府令で定める場所とは、協会員の場合、日本証券業協会である。

[問題9] × 〒21

いかなる場合も、登録外務員以外の者による、<u>外務行為は許されない</u>。

[問題10] ○ 〒21

[問題11] × 〒21

他の金融商品取引業者等に登録されている者や、監督上の処分により外務員登録を取り消されて<u>5年</u>を経過していない者は、外務員登録ができない。

[問題12] ○ 〒22

なお、その期間は2年以内とされている。

[問題13] × 〒22

外務員は、一切の<u>裁判外</u>の行為を行う権限を有するものとされている。

[問題14] × 〒22

そうした行為が<u>代理権の範囲外であることを理由として、監督責任を免れる</u>ことはできない。

[問題15] × 〒22

<u>顧客に悪意があった場合には、金融商品取引業者等が責任を負う必要はない。</u>

2・金融商品取引法

[問題16] ☐ ☐ ☐ ☐

金融商品取引業者等は、その行う金融商品取引業の内容について広告等をする場合は、利益の見込み等について著しく事実に相違する表示又は著しく人を誤認させる表示をすることは禁止されている。

[問題17] ☐ ☐ ☐ ☐

金融商品取引法上の規制対象となる広告類似行為に、ビラ・パンフレットの配布、ファクシミリ等があるが、電子メールも規制の対象に含まれる。

[問題18] ☐ ☐ ☐ ☐

金融商品取引業者等は、広告等を行う際は重要事項について顧客の不利益となる事実について表示しなければならない。

[問題19] ☐ ☐ ☐ ☐

金融商品取引業者等は、商品関連市場デリバティブ取引契約を締結しようとするときは、あらかじめ顧客に対し、契約締結前交付書面を交付しなければならない。

[問題20] ☐ ☐ ☐ ☐

契約締結前交付書面の記載事項には、顧客が行う金融商品取引について、金融商品市場の相場等の変動により損失が生ずるおそれがある旨も含まれている。

[問題21] ☐ ☐ ☐ ☐

金融商品取引業者等が、金融商品取引契約を締結しようとするときは、顧客に対し、必ず契約締結前交付書面を交付しなければならない。

[問題22] ☐ ☐ ☐ ☐

金融商品取引業者等は、個人向けの店頭デリバティブ取引全般について、契約の締結の勧誘の要請をしていない顧客に対し、訪問し又は電話をかけて、金融商品取引契約の締結を勧誘してはならない。

[問題23] ☐ ☐ ☐ ☐

一般投資家はもちろん、特定投資家に対しても、金融サービスの提供及び利用環境の整備等に関する法律上の説明義務及び損害賠償責任の規定が適用される。

解答

[問題16] ○ テ23

[問題17] ○ テ23

[問題18] ○ テ23

[問題19] ○ テ17、23
　なお、商品関連市場デリバティブ取引も金融商品取引法上の有価証券に該当し、契約締結前交付書面の交付義務がある。

[問題20] ○ テ24

[問題21] × テ24
　過去1年以内に包括的な書面（上場有価証券等書面）を交付している場合など、契約締結前交付書面の交付義務の適用除外とされるケースもある。また、特定投資家には、書面交付義務はない。

[問題22] ○ テ25
　なお、これは、「不招請勧誘の禁止」の記述であり、投資者の保護を図ることが特に必要なものとして、政令により個人向けの店頭デリバティブ取引全般が規定されている。

[問題23] × テ26、30
　特定投資家には、金融サービスの提供及び利用環境の整備等に関する法律上の説明義務及び損害賠償責任の規定は適用されない。

[問題24] ☐ ☐ ☐ ☐

　金融商品取引業者等が、特定投資家との間で取引を行う場合は、契約締結前の書面交付義務等に加え、損失補塡の禁止等の行為規制が適用除外となる。

[問題25] ☐ ☐ ☐ ☐

　金融商品取引業者等は、顧客から有価証券の売買又は店頭デリバティブ取引に関する注文を受けた場合、あらかじめ、自己がその相手方となって当該売買を成立させるのか、又は媒介し、取次ぎし、若しくは代理して当該売買若しくは取引を成立させるのかの別を明らかにしなければならない。

[問題26] ☐ ☐ ☐ ☐

　適合性の原則とは、「顧客の知識、経験、財産の状況及び金融商品取引契約を締結する目的に照らして不適当と認められる勧誘を行って投資者の保護に欠けることのないように業務を行わなければならない」ことをいう。

[問題27] ☐ ☐ ☐ ☐

　金融商品取引業者等は、最良執行方針等を定め、公表し、これに従って注文を執行しなければならないが、最良執行方針等を記載した書面を交付する必要はない。

[問題28] ☐ ☐ ☐ ☐

　金融商品取引業者等は、顧客資産が適切かつ円滑に返還されるよう、顧客から預託を受けた有価証券及び金銭を自己の固有財産と分別して管理しなければならない。

[問題29] ☐ ☐ ☐ ☐

　金融商品取引業者等は、金融商品取引業等を廃止した場合等に顧客に返還すべき金銭を顧客分別金として、信託会社等に信託しなければならない。

[問題30] ☐ ☐ ☐ ☐

　金融商品取引業者等が、有価証券の売買その他の取引等について生じた損失を、第三者を通じて補塡した場合は禁止行為に当たらない。

[問題31] ☐ ☐ ☐ ☐

　金融商品取引業者等は、有価証券の売買等について、顧客に損失が生ずることとなった場合にこれを補塡する行為を行ってはならないが、損失を補塡する旨をあらかじめ約束する行為は禁止行為に当たらない。

解答

[問題24] ✕   テ26、30

特定投資家に対しては、契約締結前の書面交付義務は適用除外されるが、損失補填等の禁止等、市場の公正確保を目的とする行為規制は適用除外されない。

[問題25] 〇   テ26

問題文は、取引態様の事前明示義務の記述である。なお、自己が相手方となって売買を成立させることを「仕切り注文」、媒介、取次ぎ、又は代理により売買を成立させることを「委託注文」という。

[問題26] 〇   テ27、71

[問題27] ✕   テ27

金融商品取引業者等は、最良執行方針等を定め、公表し、書面を交付し、注文を執行しなければならない。

[問題28] 〇   テ27

問題文は、分別管理義務の記述である。

[問題29] 〇   テ27

[問題30] ✕   テ28

損失補填について、第三者を通じて行った場合でも禁止行為となる。

[問題31] ✕   テ28

損失を補填し、又は利益を追加するため財産上の利益を提供する旨をあらかじめ約束する行為も、禁止行為となる。

[問題32] ☐ ☐ ☐ ☐

損失補塡を要求し、約束させる顧客の行為は、実際に補塡が行われなければ処罰の対象とはならない。

[問題33] ☐ ☐ ☐ ☐

損失の補塡が事故に起因するものであることについて、金融商品取引業者等が、あらかじめ内閣総理大臣（金融庁長官）の確認を受けていれば、顧客の発生した損失に対する補塡は単なる事故処理として扱われ、損失補塡に当たらないものとされている。

[問題34] ☐ ☐ ☐ ☐

特定投資家制度において、地方公共団体は、選択により一般投資家に移行可能な特定投資家に区分される。

[問題35] ☐ ☐ ☐ ☐

個人は、いかなる場合も特定投資家になることはできない。

[問題36] ☐ ☐ ☐ ☐

金融商品取引業者等は、自己の名義をもって他人に金融商品取引業を行わせることができる。

[問題37] ☐ ☐ ☐ ☐

断定的判断の提供による勧誘を行い、結果的に的中し、顧客に対する損害がなければ禁止事項に当たらない。

[問題38] ☐ ☐ ☐ ☐

金融商品取引業者等は、金融商品取引契約の締結に際し、虚偽の表示を行うことは禁止されているが、特に必要な事項を表示しないことについては禁じられていない。

[問題39] ☐ ☐ ☐ ☐

金融商品取引業者等又はその役員若しくは使用人は、有価証券の売買その他の取引等について、顧客に対して特別の利益を提供してはならない。

[問題40] ☐ ☐ ☐ ☐

金融商品取引業者等は、特定かつ少数の銘柄について、不特定かつ多数の顧客に対し、一定の期間継続して一斉にかつ過度に勧誘する行為は禁止されているが、その銘柄を現に金融商品取引業者等が保有している場合は、禁止行為に当たらない。

解答

[問題32] ×　　　　　　　　　　　　　　　　　　　　　　　テ28
損失補塡を要求し、約束させる行為自体が、処罰の対象となる。

[問題33] ○　　　　　　　　　　　　　　　　　　　　　　　テ28
なお、内閣府令で定める事故とは、未確認売買、誤認勧誘、事務処理ミス、システム障害、その他法令違反行為をいう。

[問題34] ×　　　　　　　　　　　　　　　　　　　　　　　テ29
地方公共団体は、選択により特定投資家に移行可能な一般投資家に区分される。

[問題35] ×　　　　　　　　　　　　　　　　　　　　　　　テ29
一定の要件を満たす個人であれば、特定投資家に移行することができる。

[問題36] ×　　　　　　　　　　　　　　　　　　　　　　　テ30
金融商品取引業者等が自己の名義をもって他人に金融商品取引業を行わせる、いわゆる名義貸しは、禁じられている。

[問題37] ×　　　　　　　　　　　　　　　　　　　　　　　テ31
顧客の損害の有無にかかわらず、また、結果的に的中しても、投資判断の形成を歪めることになるので、違法性はなくならない。

[問題38] ×　　　　　　　　　　　　　　　　　　　　　　　テ31
「虚偽の表示の禁止」には、特に必要な表示を欠く不作為も誤解を生ぜしめる表示となり、禁止されている。

[問題39] ○　　　　　　　　　　　　　　　　　　　　　　　テ32
なお、社会通念上サービスと考えられるものは含まれない。

[問題40] ×　　　　　　　　　　　　　　　　　　　　　　　テ32
金融商品取引業者等が現に保有している銘柄を、一定期間継続して一斉にかつ過度に勧誘することは、そのまま相場操縦に該当する可能性もあるので、厳しく禁じられている（大量推奨販売の禁止）。

【問題41】 □ □ □ □

　金融商品取引業者等又はその役員若しくは使用人は、有価証券の売買その他の取引につき、顧客に対して当該有価証券の発行者の法人関係情報を提供して勧誘を行ってはならない。

【問題42】 □ □ □ □

　顧客より有価証券の売買の委託注文を受け、その注文の成立前に当該銘柄の自己の計算による売買を成立させることを目的として、その注文に係る価格と同一又はそれよりも有利な価格で当該有価証券の売買を行うことは禁止されている。

【問題43】 □ □ □ □

　金融商品取引業者等は、あらかじめ顧客の同意を得ずに当該顧客の計算において有価証券等の売買等をすることは禁止されているが、受渡しまでに顧客の同意を得れば、これに当たらない。

【問題44】 □ □ □ □

　金融商品取引業者等は、特定の銘柄の有価証券等について、実勢を反映しない作為的相場が形成されることを知りながら、売買取引の受託等を行ってはならない。

【問題45】 □ □ □ □

　金融商品取引業者等の役員若しくは使用人は、自己の職務上の地位を利用して、顧客の有価証券の売買等に係る注文の動向その他職務上知り得た特別の情報に基づく売買等については、専ら投機的利益の追求を目的としない限り、行ってもよい。

【問題46】 □ □ □ □

　金融商品取引業者等は、個人を相手方とする有価証券店頭デリバティブ取引について、証拠金を受けずに取引することは禁止されている。

【問題47】 □ □ □ □

　金融商品取引業者等は、NISA（少額投資非課税制度）の非課税口座内に生じた損失について、一般口座の売買益との損益通算ができることを顧客に説明しなければならない。

解答

[問題41] ○ 　　　　　　　　　　　　　　　　　　　　テ32

[問題42] ○ 　　　　　　　　　　　　　　　　　　　　テ33
問題文は、フロントランニングの禁止の記述である。

[問題43] × 　　　　　　　　　　　　　　　　　　　　テ33
無断売買は禁止されており、<u>事後に顧客の同意を得る、いわゆる事後承諾売</u><u>買も禁止されている</u>。

[問題44] ○ 　　　　　　　　　　　　　　　　　　　　テ34
問題文は、作為的相場形成等の禁止の記述である。

[問題45] × 　　　　　　　　　　　　　　　　　　　　テ34
投機的利益の追求を目的としなくても、<u>役職員の地位を利用した売買等は、</u><u>禁止されている</u>。

[問題46] ○ 　　　　　　　　　　　　　　　　　　　　テ35

[問題47] × 　　　　　　　　　　　　　　　　　　　　テ35
NISAの非課税口座内に生じた損失については、特定口座や一般口座で保有する他の有価証券の売買益や配当金との<u>損益通算はできず</u>、当該損失の繰越控除もできない。

[問題48] ☐ ☐ ☐ ☐

元本払戻金（特別分配金）が支払われる追加型株式投資信託は、NISA（少額投資非課税制度）の制度上のメリットを十分享受できる。

[問題49] ☐ ☐ ☐ ☐

銀行、協同組織金融機関等の金融機関は、書面の取次ぎ行為や、投資信託の受益証券等の募集・私募については、内閣総理大臣（金融庁長官）の登録を受ければ行うことができる。

[問題50] ☐ ☐ ☐ ☐

登録金融機関又はその役員若しくは使用人は、登録金融機関業務以外の業務において、金銭の貸付けその他信用の供与の条件として、有価証券の売買の受託等をする場合には、取引開始基準を設けなければならない。

[問題51] ☐ ☐ ☐ ☐

銀行、協同組織金融機関その他政令で定める金融機関以外の者は、内閣総理大臣（金融庁長官）の認可を受け、金融商品仲介業を営むことができる。

[問題52] ☐ ☐ ☐ ☐

金融商品仲介業の登録を受けることができるのは、法人に限定されており、個人は受けることができない。

[問題53] ☐ ☐ ☐ ☐

信用格付とは、金融商品又は法人の信用状態に関する評価の結果について、記号又は数字を用いて表示した等級をいう。

[問題54] ☐ ☐ ☐ ☐

信用格付業を行う法人は、内閣総理大臣（金融庁長官）の登録を受けなければならない。

[問題55] ☐ ☐ ☐ ☐

内閣総理大臣は、一定の要件を備える者をその登録により紛争解決等業務を行う者として、指定できる。

解答

[問題48] ×　　　　　　　　　　　　　　　　　　　　　　テ35
追加型株式投資信託の分配金のうち元本払戻金（特別分配金）は、そもそも
非課税でありNISAの制度上のメリットを享受できない。

[問題49] ○　　　　　　　　　　　　　　　　　　　　　　テ36

[問題50] ×　　　　　　　　　　　　　　　　　　　　　　テ37
金銭の貸付けその他信用の供与の条件として、有価証券の売買の受託行為を
行うことは、いかなる場合も禁止されている。

[問題51] ×　　　　　　　　　　　　　　　　　　　　　　テ37
金融商品仲介業を行うには、内閣総理大臣の登録を受ける必要がある。

[問題52] ×　　　　　　　　　　　　　　　　　　　　　　テ37
金融商品仲介業の登録は、法人、個人を問わず受けることができる。

[問題53] ○　　　　　　　　　　　　　　　　　　　　　　テ37

[問題54] ×　　　　　　　　　　　　　　　　　　　　　　テ37
「登録できる」制度としたうえで、無登録業者の格付の利用に際して金融商品
取引業者等に説明義務を課すことにより、金融・資本市場において重要な影響
を及ぼし得る格付会社の登録を確保する仕組みを整備している。なお、内閣総
理大臣（金融庁長官）の登録を受けた者を、信用格付業者という。

[問題55] ×　　　　　　　　　　　　　　　　　　　　　　テ39
紛争解決機関の指定を受けようとする者は、内閣総理大臣への申請が必要で
ある。

【問題56】 ☐ ☐ ☐ ☐

何人も、有価証券の売買その他の取引又はデリバティブ取引等について、不正の手段、計画又は技巧をしてはならない。

【問題57】 ☐ ☐ ☐ ☐

何人も有価証券の募集、売出し、売買その他の取引若しくはデリバティブ取引等のため、又は有価証券等の相場の変動を図る目的をもって、風説を流布し、偽計を用い、又は暴行若しくは脅迫をしてはならないが、これに違反した場合でも罰則規定は設けられていない。

【問題58】 ☐ ☐ ☐ ☐

課徴金制度が適用される不公正取引等には、相場操縦行為の禁止違反が含まれる。

【問題59】 ☐ ☐ ☐ ☐

投資家に損害が出ない場合は、相場操縦は成立しない。

【問題60】 ☐ ☐ ☐ ☐

馴合取引とは、上場有価証券等の売買等について、取引状況に関し、他人に誤解を生じさせる目的をもって、権利の移転、金銭の授受等を目的としない取引を行うことである。

【問題61】 ☐ ☐ ☐ ☐

特定投資家は、有価証券等の売買の取引を誘引する目的をもって、取引所金融市場における有価証券の相場を変動させるべき一連の有価証券の売買の委託をすることができる。

【問題62】 ☐ ☐ ☐ ☐

何人も金融商品取引法における、上場有価証券の相場をくぎ付けにし、固定し、又は安定させる目的をもって、金融商品市場における一連の売買又はその委託若しくは受託をすることはいかなる場合も禁止されている。

【問題63】 ☐ ☐ ☐ ☐

有価証券を有しないで売付けを行うことは、投資判断の裏付けを欠いた取引であり、相場操縦にも利用されがちであるので、いかなる場合も行ってはならない。

解答

[問題56]　○　　　　　　　　　　　　　　　　　　　　　　　　テ40

[問題57]　×　　　　　　　　　　　　　　　　　　　　　　　　テ40
違反した場合は、<u>懲役若しくは罰金、又はこれらが併科される</u>。

[問題58]　○　　　　　　　　　　　　　　　　　　　　　　　　テ41

[問題59]　×　　　　　　　　　　　　　　　　　　　　　　　　テ41
相場操縦の成立に、投資家の利益が害されることは必要とはされない。<u>市場
の公正な価格形成を人為的に歪曲する意思のみで相場操縦とされる</u>。

[問題60]　×　　　　　　　　　　　　　　　　　　　　　　　　テ41
馴合取引とは、<u>自己が行う売付け若しくは買付けと同時期に、それと同価格
で他人がその金融商品の買付け若しくは売付けを行うことをあらかじめその者
と通謀して、その売付け若しくは買付けを行うこと</u>をいう。問題文は、仮装取
引についての記述である。

[問題61]　×　　　　　　　　　　　　　　　　　　　　　　　　テ42
有価証券等の売買の取引を誘引する目的をもって、取引所金融市場における
有価証券の相場を変動させるべき一連の有価証券の売買の委託をすることは相
場操縦であり、<u>何人も行ってはならない</u>。

[問題62]　×　　　　　　　　　　　　　　　　　　　　　　　　テ42
例外として、<u>安定操作取引については、禁止されていない</u>。

[問題63]　×　　　　　　　　　　　　　　　　　　　　　　　　テ42
<u>信用取引・先物取引のように定型化され、一定の規制方式が確立した取引そ
の他の取引は許容される</u>。

[問題64] ☐ ☐ ☐ ☐

会社関係者が当該会社の重要事実を公表される前に入手した場合は、公表後であっても、当該会社の株式の売買をすることはできない。

[問題65] ☐ ☐ ☐ ☐

内部者取引において、取引により損失が生じた場合、内部者取引に該当しない。

[問題66] ☐ ☐ ☐ ☐

内部者取引において、上場会社等の帳簿閲覧権を有する株主は、会社関係者に含まれる。

[問題67] ☐ ☐ ☐ ☐

会社関係者の範囲には、その上場会社の公認会計士は含まれるが、顧問弁護士は含まれない。

[問題68] ☐ ☐ ☐ ☐

「内部者取引規制」において、会社関係者が、上場会社等の業務に関する重要事実を公表前に入手した場合には、会社関係者でなくなったとしても、会社関係者でなくなった後6ヵ月間は、当該重要事実が公表された場合でも、当該会社の発行する上場株券等の特定有価証券等に係る売買はできない。

[問題69] ☐ ☐ ☐ ☐

上場会社の子会社に生じた重要事実については、内部者取引の規制の対象にならない。

[問題70] ☐ ☐ ☐ ☐

上場会社の業務等に関する重要事実には、「資本金の額の減少」「合併」「代表取締役の解任・選任」「主要株主の異動」などが含まれる。

[問題71] ☐ ☐ ☐ ☐

上場会社の業務執行を決定する機関が株式の分割を行うことを公表し、公表後に当該株式の分割を行わないことを決定した場合、そのことは重要事実に当たらない。

[問題72] ☐ ☐ ☐ ☐

上場会社の主要株主とは、株主名簿上位10位までの株主をいう。

解答

[問題64] ✕ 〒43

<u>公表後であれば、売買できる。</u>

[問題65] ✕ 〒43

取引により損失が生じた場合でも、<u>内部者取引に該当する。</u>

[問題66] ○ 〒43

[問題67] ✕ 〒43

会社関係者の範囲には、その上場会社の<u>公認会計士</u>や<u>顧問弁護士も含まれる。</u>

[問題68] ✕ 〒43

会社関係者でなくなって「<u>1年</u>」以内の者は会社関係者に該当するが、<u>会社関係者でも、重要事実の公表後は売買可能</u>である。

[問題69] ✕ 〒44

上場会社の<u>子会社に生じた重要事実</u>についても、親会社同様、内部者取引の<u>規制の対象</u>となる。

[問題70] ✕ 〒44

「<u>代表取締役の解任・選任</u>」は、業務等に関する<u>重要事実に当たらない。</u>

[問題71] ✕ 〒44

株式の分割を公表し、公表後に当該株式の分割を行わないことを決定したことも、<u>重要事実に当たる。</u>

[問題72] ✕ 〒44

<u>総株主等の議決権の100分の10以上の議決権を有する株主</u>をいう。

【問題73】 □ □ □ □

上場会社等に関する重要事実に該当する事項について、重要事実が日刊紙を販売する新聞社や通信社又は放送機関等の2以上の報道機関に対して公開され、かつ公開したときから6時間以上経過した場合、重要事実が公表されたと認められる。

【問題74】 □ □ □ □

上場会社等が、金融商品取引所が運営する適時開示情報伝達システム（TDnet）に重要事実を掲載することにより、公衆縦覧に供されるとともに、直ちに公表されたことになる。

【問題75】 □ □ □ □

重要事実の公表において、当該上場会社等が提出した有価証券報告書等に記載され、金融商品取引法の規定に従い公衆の縦覧に供された場合も公表されたとみなされる。

【問題76】 □ □ □ □

上場会社の役員は、当該上場会社の株式に係る買付け又は売付け等をした場合、内閣府令に定める場合を除いて、その売買等に関する報告書を内閣総理大臣（金融庁長官）に提出しなければならない。

【問題77】 □ □ □ □

上場会社等の役員又は主要株主が、上場株式等の特定有価証券等について、自己の計算において買付けした後6ヵ月以内に売付けをし、利益を得たときは、当該上場会社等はその者に対し、得た利益の提供を請求できる。

【問題78】 □ □ □ □

何人も、有価証券の募集又は売出しに際し、不特定かつ多数の者に対して、これらの者の取得する当該有価証券を、自己又は他人が、特定額以上の価格で買い付ける旨又は特定額以上の価格で売り付けることをあっせんする旨の表示をし、又はこれらの表示と誤認されるおそれがある表示をしてはならない。

【問題79】 □ □ □ □

国債証券、地方債証券、金融債等は、企業内容等開示制度の適用される有価証券には含まれない。

解答

[問題73] ×   テ44

　重要事実の公表は、2以上の報道機関に公開され、公開されてから<u>12時間</u>以上経過した場合、公表されたとみなされる。

[問題74] ○   テ45

　なお、この場合には12時間ルールは適用されない。

[問題75] ○   テ45

[問題76] ○   テ45

[問題77] ○   テ46

[問題78] ○   テ46

　問題文は、有利買付け等の表示の禁止の記述である。

[問題79] ○   テ47

　他に、政府保証債、流動性の低い一定の集団投資スキーム持分等も適用される有価証券に含まれない。

2．金融商品取引法

[問題80] ☐ ☐ ☐ ☐

　企業内容等開示制度（ディスクロージャー制度）が適用される有価証券には、投資信託の受益証券が含まれる。

[問題81] ☐ ☐ ☐ ☐

　有価証券の募集又は売出しについて、募集に関しては発行者による内閣総理大臣（金融庁長官）への届出を必要とするが、売出しに関しては内閣総理大臣への届出は必要としない。

[問題82] ☐ ☐ ☐ ☐

　目論見書とは、有価証券の募集、売出し等を行う際に、当該有価証券の発行会社の事業その他の事項に関する説明を記載する文書であり、販売会社が目論見書を作成、交付しなければならない。

[問題83] ☐ ☐ ☐ ☐

　企業内容等開示制度に関して、株式の所有者が500人以上のとき、その発行者は、当該株式の所有者が500人以上となった年度を含めて5年間、継続開示義務が課される。

[問題84] ☐ ☐ ☐ ☐

　資本金が5億円以上で、かつ、最近5事業年度のいずれかの末日において、株主名簿上の株主数が1,000人以上の会社は、流通市場における開示制度の適用対象会社となる。

[問題85] ☐ ☐ ☐ ☐

　有価証券報告書は、有価証券の募集若しくは売出しに際し、内閣総理大臣（金融庁長官）に提出するものであり、当該募集又は売出しに関する情報が記載された勧誘文書である。

[問題86] ☐ ☐ ☐ ☐

　有価証券報告書の提出を義務付けられている上場会社等は、有価証券報告書等の記載内容が金融商品取引法令に基づき適正であることを経営者が確認した旨を記載した確認書を、当該有価証券報告書等に併せて内閣総理大臣（金融庁長官）に提出しなければならない。

解答

[問題80]　○　　　　　　　　　　　　　　　　　　　　　　テ47
　投資信託の受益証券には、「企業内容等開示制度」が適用される。なお、国債証券、地方債証券、金融債等は、企業内容等開示制度の適用される有価証券には含まれない。

[問題81]　×　　　　　　　　　　　　　　　　　　　　　　テ48
　売出しについても、内閣総理大臣（金融庁長官）への<u>届出は必要</u>である。

[問題82]　×　　　　　　　　　　　　　　　　　　　　　　テ49
　<u>目論見書の作成は、発行会社が行い</u>、販売会社を通して交付する。

[問題83]　×　　　　　　　　　　　　　　　　　　　　　　テ50
　株式の所有者が<u>300人以上</u>のとき、その発行者は、当該株式の所有者が<u>300人以上</u>となった年度を含めて５年間、継続開示義務が課される。

[問題84]　○　　　　　　　　　　　　　　　　　　　　　　テ50
　問題文は、「外形基準」の記述である。

[問題85]　×　　　　　　　　　　　　　　　　　　　　　　テ50
　有価証券報告書は、<u>事業年度経過後３ヵ月以内に作成する企業情報の外部への開示資料</u>である。

[問題86]　○　　　　　　　　　　　　　　　　　　　　　　テ50
　内部統制報告制度の導入に伴い、情報開示制度の信頼性を高めるため導入された。

[問題87] □ □ □ □

発行会社は、有価証券届出書・有価証券報告書等の提出後、記載すべき重要事項に変更等がある場合には、臨時報告書を内閣総理大臣（金融庁長官）に提出しなければならない。

[問題88] □ □ □ □

有価証券報告書等は、一定の場所に備え置かれ、各々の書類ごとに定められた期間、公衆の縦覧に供される。

[問題89] □ □ □ □

有価証券報告書等の電子開示手続は、TDnetを使用して行われる。

[問題90] □ □ □ □

財務諸表について、社内の監査役による監査を受ければ、公認会計士や監査法人による監査証明を受ける必要はない。

選択問題

[問題91] □ □ □ □

次の文章について、正しいものはどれか。正しい記述に該当するものをイ〜ハから選んでいる選択肢の番号を1つマークしなさい。

イ．いわゆるみなし有価証券に、集団投資スキーム持分が含まれる。

ロ．金融商品取引法上の有価証券の範囲には、振替国債などの有価証券が発行されていないものは含まれない。

ハ．有価証券に表示されるべき権利は、株券不発行株式など、その有価証券が発行されていなくても、その権利を有価証券とみなす。

1．正しいのはイ及びロであり、ハは正しくない。
2．正しいのはイ及びハであり、ロは正しくない。
3．正しいのはロ及びハであり、イは正しくない。
4．イ、ロ及びハすべて正しい。

解答

[問題87] × 　テ50

この場合は、<u>訂正届出書・訂正報告書</u>を提出しなければならない。

[問題88] ○ 　テ51

[問題89] × 　テ51

有価証券報告書等の電子開示手続は、<u>EDINET</u>を使用して行われる。

[問題90] × 　テ51

社内の監査役の監査を受けていても、上場会社等監査人名簿への登録を受け、かつ、当該法人と特別の利害関係を持たない公認会計士や監査法人による<u>監査証明を受けなければならない</u>。

[問題91] **2** 　テ17

イ．○　なお、みなし有価証券とは、金融商品取引法第2条第2項に規定される第二項有価証券をいう。

ロ．×　振替国債などその有価証券が発行されていなくても、<u>その権利も金融商品取引法上の有価証券とみなされる</u>。

ハ．○

【問題92】 ☐ ☐ ☐ ☐

次の文章について、正しいものはどれか。正しい記述に該当するものをイ〜
ハから選んでいる選択肢の番号を1つマークしなさい。

イ．有価証券の売買の媒介とは、他人間の取引の成立に尽力することをいう。
ロ．有価証券の売買の取次ぎとは、自己の名をもって委託者の計算で、有価
　　証券を買い入れ又は売却すること等を引き受けることをいう。
ハ．有価証券の売買の代理とは、委託者の計算で、委託者の名で有価証券の
　　売買等を引き受けることをいう。

1．正しいのはイ及びロであり、ハは正しくない。
2．正しいのはイ及びハであり、ロは正しくない。
3．正しいのはロ及びハであり、イは正しくない。
4．イ、ロ及びハすべて正しい。

【問題93】 ☐ ☐ ☐ ☐

「外務員制度」に関する次の文章のうち、正しいものはどれか。正しい記述に
該当するものをイ〜ハから選んでいる選択肢の番号を1つマークしなさい。

イ．営業所又は事務所内でのみ、顧客に対し有価証券の売買その他の取引等
　　を行う者については、外務員の登録は不要である。
ロ．金融商品取引業者等は、外務員の負った債務について、いかなる場合で
　　も直接履行する責任を負う。
ハ．ある登録金融機関に外務員として登録されている者は、他の登録金融機
　　関の外務員として登録を受けることができない。

1．正しいのはイのみであり、ロ及びハは正しくない。
2．正しいのはロのみであり、イ及びハは正しくない。
3．正しいのはハのみであり、イ及びロは正しくない。
4．イ、ロ及びハすべて正しくない。

解答

[問題92] 4 　　　　　　　　　　　　　　　　　　　　　㊀18

イ． ○

ロ． ○ なお、自己とは金融商品取引業者や登録金融機関、委託者とは顧客のことである。

ハ． ○

[問題93] 3 　　　　　　　　　　　　　　　　　　　　㊀21〜22

イ． ✕ 営業所等内であっても、外務員以外の者は、外務員の職務が許されないので、外務員の登録が必要である。

ロ． ✕ 金融商品取引業者等は、外務員の行った営業行為について責任を負うが、相手方である顧客に悪意があるときは責任を負わない。

ハ． ○

[問題94] □ □ □ □

次の文章について、正しいものはどれか。正しい記述に該当するものをイ〜ハから選んでいる選択肢の番号を１つマークしなさい。

イ． 登録金融機関又はその役員若しくは使用人は、登録金融機関業務以外の業務を行う場合には、金銭の貸付けその他信用の供与の条件として有価証券の売買の受託等をすることができる。

ロ． 有価証券の引受けのうち、発行者・売出人から直接引き受けることを元引受けといい、元引受けを行う場合、第一種金融商品取引業を行う者として内閣総理大臣（金融庁長官）の登録を受けなければならない。

ハ． 有価証券の売買その他の取引等について、金融商品取引業者等が顧客へ損失補填を約束した場合、損失補填を実行しなければ、禁止行為に該当しない。

1． 正しいのはイのみであり、ロ及びハは正しくない。
2． 正しいのはロのみであり、イ及びハは正しくない。
3． 正しいのはハのみであり、イ及びロは正しくない。
4． イ、ロ及びハすべて正しくない。

[問題95] □ □ □ □

「内部者取引規制」に関する次の文章のうち、正しいものはどれか。正しい記述に該当するものをイ〜ハから選んでいる選択肢の番号を１つマークしなさい。

イ． 「内部者取引規制」においては、会社関係者が上場会社等の業務等に関する重要事実を公表される前にその立場を利用して知った場合、会社関係者でなくなった後６ヵ月を経過しなければ、当該会社の発行する上場株券等の売買をすることができないとされている。

ロ． 「内部者取引規制」における上場会社の業務に関する重要事実は、当該上場会社を代表すべき取締役等により、当該重要事実が日刊紙を販売する新聞社や通信社又は放送機関等の２以上の報道機関に対して公開され、かつ、公開された時から12時間経過すれば公表されたと認められる。

ハ． 「内部者取引規制」に関する会社関係者の範囲に、当該上場会社等の顧問弁護士や取引銀行は含まれる。

1． 正しいのはイ及びロであり、ハは正しくない。
2． 正しいのはイ及びハであり、ロは正しくない。
3． 正しいのはロ及びハであり、イは正しくない。
4． イ、ロ及びハすべて正しい。

解答

[問題94]　2　　　　　　　　　　　　　　　　　テ19、28、37

イ．✕　<u>禁止行為に該当する</u>。なお、投資者保護に欠けるおそれが少ないと
　　　認められるものとして内閣府令で定めるものを除く。

ロ．〇

ハ．✕　<u>顧客へ損失補塡を約束する行為自体が禁止行為に該当する</u>。損失補
　　　塡の実行の有無は問わない。

[問題95]　3　　　　　　　　　　　　　　　　　テ43〜44

イ．✕　会社関係者でなくなってから<u>1年以内</u>の者は、会社関係者に含まれ、
　　　重要事実が公表される前に、当該会社の発行する上場株券等の売買
　　　をすることができない。

ロ．〇

ハ．〇

3 ┃ 金融商品の勧誘・販売に関係する法律

○×問題 以下について、正しければ○を、正しくなければ×をつけなさい。

[問題1] □ □ □ □

金融サービスの提供及び利用環境の整備等に関する法律において、「金融商品の販売」とは、預金等の受入を内容とする契約、有価証券を取得させる行為、市場・店頭デリバティブ取引などを指す。

[問題2] □ □ □ □

金融サービスの提供及び利用環境の整備等に関する法律において、重要事項の説明は、顧客の知識、経験、財産の状況及び当該金融商品の販売に係る契約を締結する目的に照らして、当該顧客に理解されるために必要な方法及び程度によるものでなければならない。

[問題3] □ □ □ □

金融サービスの提供及び利用環境の整備等に関する法律において、重要事項について説明を要しない旨の顧客の意思の表明があった場合は、商品関連デリバティブ取引等の場合を除き、重要事項の説明義務は適用されない。

[問題4] □ □ □ □

金融サービスの提供及び利用環境の整備等に関する法律において、金融商品販売業者が説明すべき重要事項の説明を行わなかった場合や断定的判断の禁止に違反する行為を行った場合には、契約を取り消すことができる。

[問題5] □ □ □ □

金融サービスの提供及び利用環境の整備等に関する法律において、損害賠償責任が生じた場合の損害額は、元利合計額と推定される。

[問題6] □ □ □ □

金融サービスの提供及び利用環境の整備等に関する法律において、金融商品販売業者等に義務付けている勧誘方針の策定及び公表しなければならない事項には、「勧誘の方法及び時間帯に関し勧誘の対象となる者に対し配慮すべき事項」が含まれる。

[問題7] □ □ □ □

金融サービスの提供及び利用環境の整備等に関する法律において、「金融サービス仲介業」とは、預金等媒介業務、保険媒介業務、有価証券等仲介業務又は貸金業貸付媒介業務のいずれかを業として行うことをいう。

解答

[問題1] ○　　　　　　　　　　　　　　　　　　　　　　テ56

[問題2] ○　　　　　　　　　　　　　　　　　　　　　　テ56
　なお、顧客が、金融商品の販売等に関する専門的知識及び経験を有する者として政令で定める特定顧客（特定投資家）である場合は、重要事項の説明義務は適用されない。

[問題3] ○　　　　　　　　　　　　　　　　　　　　　テ56、58
　なお、金融商品取引法の実質的説明義務自体を免れるわけではない。

[問題4] ×　　　　　　　　　　　　　　　　　　　　　　テ57
　金融サービスの提供及び利用環境の整備等に関する法律において、違反行為があり顧客に損害を与えた場合には、<u>損害賠償責任</u>が生じる。

[問題5] ×　　　　　　　　　　　　　　　　　　　　　　テ57
　損害額は、<u>元本欠損額</u>と推定される

[問題6] ○　　　　　　　　　　　　　　　　　　　　　　テ57

[問題7] ○　　　　　　　　　　　　　　　　　　　　　　テ58

[問題8] ☐ ☐ ☐ ☐

消費者契約法における「消費者」には、事業のために契約の当事者となる個人も含まれる。

[問題9] ☐ ☐ ☐ ☐

協会員が顧客に投資信託を販売する場合は、顧客は直接の契約の相手方とはならないので消費者契約法の対象とはならない。

[問題10] ☐ ☐ ☐ ☐

消費者契約法において、消費者に対して事実と異なることを告げたことにより、顧客が困惑した場合、顧客は契約を取り消すことができる。

[問題11] ☐ ☐ ☐ ☐

消費者契約法により契約の取消しをできる場合の1つに、断定的判断の提供により、当該提供された断定的判断の内容が確実であると誤認した場合が含まれる。

[問題12] ☐ ☐ ☐ ☐

消費者契約法により契約の取消しをできるのは、重要事項の不実告知、断定的判断の提供、不利益事実の故意又は重大過失による不告知、不退去及び退去妨害等である。

[問題13] ☐ ☐ ☐ ☐

消費者契約法においては、消費者が取消権を行使する方法について、相手方に対し、意思表示を取り消す旨を伝えればよいとされる。

[問題14] ☐ ☐ ☐ ☐

消費者契約法において、取消権は、原則として追認することができる時から1年間行使しないとき、又は消費者契約の締結時から5年を経過したときに消滅する。

[問題15] ☐ ☐ ☐ ☐

消費者契約法において、消費者が取消権を行使した場合、当初にさかのぼって契約が無効であったこととなる。

[問題16] ☐ ☐ ☐ ☐

消費者契約法において、消費者が支払う損害賠償の額を予定する条項は、契約として有効である。

解答

[問題8] ×　　　　　　　　　　　　　　　　　　　　　　　テ59
「消費者」には、<u>事業のために契約の当事者</u>となる<u>個人は含まれない</u>。

[問題9] ×　　　　　　　　　　　　　　　　　　　　　　　テ59
　投資信託の販売は、金融商品販売法の対象となる金融商品の販売等に関する契約となるため、消費者と事業者との間で締結される限り、<u>消費者契約の対象</u><u>となる</u>。

[問題10] ○　　　　　　　　　　　　　　　　　　　　　　テ59
　また、金融商品販売業者が説明すべき<u>重要事項の説明</u>を行わなかった場合や<u>断定的判断の禁止</u>に違反する行為を行った場合にも、契約を取り消すことができる。

[問題11] ○　　　　　　　　　　　　　　　　　　　　　　テ59

[問題12] ○　　　　　　　　　　　　　　　　　　　テ59〜60

[問題13] ○　　　　　　　　　　　　　　　　　　　　　　テ60

[問題14] ○　　　　　　　　　　　　　　　　　　　　　　テ60
　なお、霊感等を用いた告知に係る取消権は、それぞれ3年間、10年間である。

[問題15] ○　　　　　　　　　　　　　　　　　　　　　　テ60

[問題16] ×　　　　　　　　　　　　　　　　　　　　　　　テ61
　<u>無効</u>となる契約である。

[問題17] □ □ □ □

個人情報の保護に関する法律が対象としているのは、個人情報、個人データ、保有個人データ、要配慮個人情報、仮名加工情報、匿名加工情報及び個人関連情報である。

[問題18] □ □ □ □

「仮名加工情報」とは、個人情報に含まれる記述等の一部を削除又は置換したり、個人情報に含まれる個人識別符号の全部を削除又は置換する措置を講じて他の情報と照合しない限り特定の個人を識別することができないように個人情報を加工して得られる個人に関する情報をいう。

[問題19] □ □ □ □

「匿名加工情報」とは、特定の個人を識別することができないように加工して得られる個人に関する情報であって、当該個人情報を復元して特定の個人を再識別することができないようにしたものをいう。

[問題20] □ □ □ □

個人情報の保護に関する法律において、個人情報とは、生存する個人の情報であって、氏名、生年月日その他の記述等により特定の個人を識別できるもの又は個人識別符号が含まれるものをいうが、情報それ自体からは特定の個人を識別できないが、他の情報と容易に照合することができ、それにより特定の個人を識別することができる場合には、当該情報は個人情報に該当する。

[問題21] □ □ □ □

個人情報の保護に関する法律において、個人情報取扱事業者は、個人情報を取り扱うに当たっては、「利用目的」を必ず特定しなければならない。

[問題22] □ □ □ □

個人情報を取得する場合は、あらかじめその利用目的を公表している場合を除き、速やかに、その利用目的を本人に通知し、又は公表しなければならない。

[問題23] □ □ □ □

個人情報の保護に関する法律において、法令に基づく場合などを除き、あらかじめ本人の同意を得ないで、個人データを第三者に提供してはならないこととされている。

[問題24] □ □ □ □

個人情報取扱事業者から個人データを委託され、当該個人データを受け取った者は、第三者提供の制限に係る第三者である。

解答

[問題17] ○ 〒62

[問題18] ○ 〒62

[問題19] ○ 〒62

[問題20] ○ 〒62

[問題21] × 〒63

個人情報を取り扱うに当たっては、「利用目的」をできる限り特定しなければならない。

[問題22] ○ 〒63

[問題23] ○ 〒63

[問題24] × 〒64

個人情報取扱業者から個人データを委託され、当該個人データを受け取った者は、第三者に該当しない。

[問題25] □ □ □ □

個人情報の保護に関する法律において、法人の代表者個人や取引担当者個人を識別することができる情報は、個人情報に該当しない。

[問題26] □ □ □ □

犯罪による収益の移転防止に関する法律において、金融商品取引業者は、顧客に有価証券を取得させることを内容とする契約を締結する際は、最初に顧客の本人特定事項及び取引を行う目的、職業の取引時確認を行わなければならない。

[問題27] □ □ □ □

犯罪による収益の移転防止に関する法律において、代理人が取引を行う場合、本人の取引時確認に加えて代理人についても本人特定事項の確認が必要である。

[問題28] □ □ □ □

既に取引時確認をしたことがある顧客との取引については、ハイリスク取引であっても、改めて取引時確認を行う必要はない。

[問題29] □ □ □ □

犯罪による収益の移転防止に関する法律における取引時確認について、なりすましの疑いがある取引であっても、既に取引時確認をしておれば改めて本人確認する必要はない。

[問題30] □ □ □ □

犯罪による収益の移転防止に関する法律において、健康保険証は、取引時確認における本人確認書類に含まれない。

[問題31] □ □ □ □

取引時確認における本人確認書類について、有効期限がない証明書の場合は、提示又は送付を受ける日の前6ヵ月以内に作成されたものに限られる。

[問題32] □ □ □ □

顧客から受け取った財産が犯罪による収益である疑いがあり、又は顧客が犯罪収益の取得や処分について事実を仮装したり、犯罪収益を隠匿している疑いがあると認められる場合には、速やかに行政庁に対して疑わしい取引の届出を行わなければならない。

解答

[問題25] ✕ 〒64

個人情報に<u>該当する</u>。なお、法人の代表者個人や取引担当者個人を識別することができる情報には、氏名、住所、性別、生年月日、容貌の画像等がある。

[問題26] ○ 〒65

[問題27] ○ 〒65

[問題28] ✕ 〒65

ハイリスク取引の場合、改めて取引時確認を行う<u>必要がある</u>。

[問題29] ✕ 〒65

なりすましの疑いがある取引については、<u>当初行った確認とは異なる方法による本人確認が必要</u>となる。

[問題30] ✕ 〒66

各種健康保険証は、本人確認書類に<u>含まれる</u>。

[問題31] ○ 〒66

なお、有効期限のある証明書の場合、提示又は送付を受ける日において有効なものに限られる。

[問題32] ○ 〒66

3・勧誘・販売関係法

選択問題

[問題33] □ □ □ □

金融サービスの提供及び利用環境の整備等に関する法律（以下「金融サービス提供法」という）の規定に関する次の記述のうち、正しいものはどれか。正しい記述に該当するものをイ～ハから選んでいる選択肢の番号を１つマークしなさい。

イ．金融商品の販売等を業として行うときは、金融商品の販売が行われるまでの間に、顧客に重要事項の説明をしなければならない。

ロ．金融サービス提供法では、説明義務違反により顧客に損害が生じた場合の損害賠償責任及び損害額の推定等について規定されている。

ハ．金融サービス提供法が規定する金融商品販売業者が行った重要事項の説明義務違反については、故意又は過失の有無を問わない。

1．正しいのはイ及びロであり、ハは正しくない。
2．正しいのはイ及びハであり、ロは正しくない。
3．正しいのはロ及びハであり、イは正しくない。
4．イ、ロ及びハすべて正しい。

[問題34] □ □ □ □

消費者契約法に関する次の記述のうち、正しいものはどれか。正しい記述に該当するものをイ～ハから選んでいる選択肢の番号を１つマークしなさい。

イ．取消し対象となる契約に、不利益事実の故意又は重大過失による不告知がある。

ロ．取消権は、原則として追認することができる時から６ヵ月間行使しないとき、又は消費者契約の締結時から３年を経過したときに消滅する。

ハ．無効となる契約に、消費者の利益を一方的に害する条項が含まれる。

1．正しいのはイ及びロであり、ハは正しくない。
2．正しいのはイ及びハであり、ロは正しくない。
3．正しいのはロ及びハであり、イは正しくない。
4．イ、ロ及びハすべて正しい。

解答

[問題33]　4　　　　　　　　　　　　　　　　　　　　　　㊒56〜57

イ．○　なお、重要事項の説明義務は、特定投資家に対しては適用されない。

ロ．○　なお、損害額は、元本欠損額と推定される。

ハ．○　なお、重要事項の説明義務違反は、無過失責任とされる。

[問題34]　2　　　　　　　　　　　　　　　　　　　　　　㊒60〜61

イ．○

ロ．×　取消権は、原則として追認することができる時から<u>1年間</u>行使しないとき、又は消費者契約の締結時から<u>5年</u>を経過したときに消滅する。なお、霊感等を用いた告知に係る取消権利については、それぞれ3年間、10年間である。

ハ．○

【問題35】 ☐ ☐ ☐ ☐

個人情報の保護に関する法律に関する次の記述のうち、正しいものはどれか。正しい記述に該当するものをイ〜ハから選んでいる選択肢の番号を1つマークしなさい。

イ．個人情報取扱事業者は、個人情報を取り扱うに当たっては、「利用目的」をできる限り特定しなければならない。

ロ．個人情報取扱事業者は、あらかじめ本人の同意を得ないで、利用目的の達成に必要な範囲を超えて、個人情報を取り扱ってはならない。

ハ．個人情報取扱事業者は、原則として、あらかじめ本人の同意を得ないで個人データを第三者に提供してはならない。

1．正しいのはイ及びロであり、ハは正しくない。
2．正しいのはイ及びハであり、ロは正しくない。
3．正しいのはロ及びハであり、イは正しくない。
4．イ、ロ及びハすべて正しい。

【問題36】 ☐ ☐ ☐ ☐

犯罪による収益の移転防止に関する法律に関して、正しい記述に該当するものをイ〜ハから選んでいる選択肢の番号を1つマークしなさい。

イ．なりすましの疑いがある取引については、本人特定事項について当初行った確認とは異なる方法による本人確認が必要となる。

ロ．協会員は、特定業務に係る取引を行った場合は、直ちに取引記録を作成し、当該取引が行われた日から7年間保存しなければならない。

ハ．疑わしい取引の届出を行おうとすること又は行ったことを、当該疑わしい取引の届出に係る顧客やその関係者に漏らしてはならない。

1．正しいのはイ及びロであり、ハは正しくない。
2．正しいのはイ及びハであり、ロは正しくない。
3．正しいのはロ及びハであり、イは正しくない。
4．イ、ロ及びハすべて正しい。

解答

[問題35]　4　　　　　　　　　　　　　　　　　　　　テ63

イ．○

ロ．○

ハ．○

[問題36]　4　　　　　　　　　　　　　　　　　　　　テ65〜66

イ．○

ロ．○

ハ．○

3・勧誘・販売関係法

4 | 協会定款・諸規則

○×問題 以下について、正しければ○を、正しくなければ×をつけなさい。

[問題1] □ □ □ □

協会員は、当該協会員にとって新たな有価証券等（有価証券、有価証券関連デリバティブ取引等）の販売を行うに当たっては、当該有価証券等に適合する顧客が想定できないものは、当該有価証券等の特性やリスクについて顧客が理解できるように十分説明して、販売しなければならない。

[問題2] □ □ □ □

協会員は、顧客（個人に限り、特定投資家を除く）に対し、店頭デリバティブ取引に類する複雑な投資信託に係る販売の勧誘を行うに当たっては、勧誘開始基準を定め、当該基準に適合した者でなければ、当該販売の勧誘を行ってはならない。

[問題3] □ □ □ □

協会員は、ベア型の投資信託の勧誘を行う場合には、顧客に対し、株価上昇により大きな損失を被る可能性があることを説明しなければならない。

[問題4] □ □ □ □

協会員は高齢顧客（特定投資家を除く）に有価証券等の勧誘による販売を行う場合には、高齢顧客の定義、販売対象となる有価証券等、説明方法、受注方法、勧誘開始基準等に関する社内規則を定め、その基準に適合した勧誘に努めなければならない。

[問題5] □ □ □ □

協会員は、ハイリスク・ハイリターンな特質を有する取引等を行うに当たっては、日本証券業協会が定める取引開始基準に適合した顧客との間で当該取引等の契約を締結するものとされている。

[問題6] □ □ □ □

協会員は、顧客（特定投資家を除く）と複雑な仕組債等の販売に係る契約を締結しようとするときは、あらかじめ、当該顧客に対し、注意喚起文書を交付しなければならないが、契約締結前1年以内に複雑な仕組債等に係る注意喚起文書を交付している場合はこの限りではない。

解答

【問題1】 ×　　　　　　　　　　　　　　　　　　　　　　テ71
<u>当該有価証券等に適合する顧客が想定できないものは、販売してはならない。</u>
なお、これは、合理的根拠適合性による規定である。

【問題2】 ○　　　　　　　　　　　　　　　　　　　　　　テ72

【問題3】 ○　　　　　　　　　　　　　　　　　　　　　　テ72
なお、ベア型のレバレッジ投資信託は、純資産額の変動率が基準指標の2倍
以上に設定されているため、基準指標が1％上昇すると、基準価額が2％以上
下落する可能性もある。

【問題4】 ×　　　　　　　　　　　　　　　　　　　　　　テ73
協会員は、高齢顧客（特定投資家を除く）に有価証券等の勧誘による販売を
行う場合には、当該協会員の業態、規模、顧客分布及び顧客属性並びに社会情
勢その他の条件を勘案し、高齢顧客の定義、販売対象となる有価証券等、説明
方法、受注方法等に関する社内規則を定め、適正な投資勧誘に努めなければな
らないが、<u>勧誘開始基準を定める必要</u>はない。

【問題5】 ×　　　　　　　　　　　　　　　　　　　　　　テ73
取引開始基準は日本証券業協会が定めるのではなく、<u>各協会員がそれぞれ独
自に定め</u>、その基準に適合した顧客との間で当該取引等の契約を締結すること
となる。

【問題6】 ×　　　　　　　　　　　　　　　　　　　　　　テ73
複雑な仕組債等の販売に係る契約を締結しようとするときは、<u>その都度必要</u>
である。なお、複雑な仕組債等とは、店頭デリバティブ取引に類する複雑な仕
組債及び店頭デリバティブ取引に類する複雑な投資信託のことである。

4・協会定款

[問題7] ☐ ☐ ☐ ☐

特別会員は、登録金融機関業務に関し、一定の有価証券を取り扱う場合は、有価証券と預金との誤認を防止するため、当該有価証券が預金等ではないこと等を説明しなければならない。

[問題8] ☐ ☐ ☐ ☐

協会員は、有価証券関連デリバティブ取引等や特定店頭デリバティブ取引等を重複して行う顧客の建玉や委託証拠金の状況等については、個人情報に当たるため、総合的な管理を行ってはならない。

[問題9] ☐ ☐ ☐ ☐

協会員は、顧客に対し、主観的又は恣意的な情報提供となる特定銘柄の有価証券又は有価証券の売買に係るオプションの一律集中的推奨をしてはならない。

[問題10] ☐ ☐ ☐ ☐

協会員は、金融商品取引所が有価証券オプション取引の制限又は禁止措置を行っている銘柄については、有価証券オプション取引の勧誘を自粛しなければならず、これらの措置が行われている旨及びその内容を説明しなければならない。

[問題11] ☐ ☐ ☐ ☐

協会員は、顧客から有価証券の売買その他の取引等の注文があった場合において、仮名取引であることを知りながら、当該注文を受けてはならない。

[問題12] ☐ ☐ ☐ ☐

協会員は、顧客に関する情報を漏えいしてはならない。

[問題13] ☐ ☐ ☐ ☐

協会員は、上場会社等の役員等に該当する顧客については内部者登録カードを備え付けなければならないが、当該カードの記載事項に「投資目的」がある。

[問題14] ☐ ☐ ☐ ☐

協会員は、新規顧客、大口取引顧客等からの注文の受託に際しては、あらかじめ当該顧客から買付代金又は売付有価証券の全部の預託を受ける等、取引の安全性の確保に努めるものとされている。

解答

[問題7] ○ 〒74

　そのほか、預金保険、投資者保護基金の支払いの対象にならないこと、元本の返済が保証されていないこと等を説明しなければならない。

[問題8] × 〒75

　協会員は、有価証券関連デリバティブ取引等を重複して行う顧客の評価損益については、<u>総合的な管理を行わなければならない</u>。

[問題9] ○ 〒75

[問題10] ○ 〒75

[問題11] ○ 〒76

[問題12] ○ 〒76

　また、協会員は、他の協会員の顧客に関する情報を不正に取得し、又は不正に取得した顧客に関する情報を業務に使用し若しくは漏えいしてはならない。

[問題13] × 〒76

　内部者登録カードの記載事項に<u>「投資目的」はない</u>。当該カードの記載事項とされているは、「氏名又は名称」、「住所又は所在地及び連絡先」、「生年月日」、「会社名、役職名及び所属部署」、「上場会社等の役員等に該当することとなる上場会社等の名称及び銘柄コード」等である。

[問題14] × 〒77

　協会員は、新規顧客、大口取引顧客等からの注文の受託に際しては、あらかじめ当該顧客から買付代金又は売付有価証券の<u>全部又は一部</u>の預託を受ける等、取引の安全性の確保に努めるものとされている。

4・協会定款

[問題15] ☐ ☐ ☐ ☐

特別会員は、登録金融機関業務に係る取引について、同一名義人の当座貸越設定口座から、債券先物取引用口座への自動振替を行うことができる。

[問題16] ☐ ☐ ☐ ☐

協会員は、顧客から保管の委託を受けている又は振替口座簿への記載若しくは記録により管理している投資信託等について、顧客に当該投資信託等に係る損益（トータルリターン）を通知しなければならない。

[問題17] ☐ ☐ ☐ ☐

協会員は、法人関係情報を取得した場合は、営業上有益であるため、他の部門と共有しなければならない。

[問題18] ☐ ☐ ☐ ☐

法人関係部門とは、法人関係情報を統括して管理する部門をいう。

[問題19] ☐ ☐ ☐ ☐

特別会員は、顧客の保護預り口座を設定したときは、その旨を当該顧客に通知しなければならない。

[問題20] ☐ ☐ ☐ ☐

特別会員は、抽選償還が行われることのある債券について顧客から混合寄託契約により寄託を受ける場合は、その取扱方法についての社内規程を設け、事前にその社内規程について顧客の了承を得る必要がある。

[問題21] ☐ ☐ ☐ ☐

特別会員は、顧客の保護預り口座を設定した場合は、当該顧客から単純な寄託契約又は混合寄託契約により寄託を受けた有価証券を、すべてその口座により出納保管しなければならない。

[問題22] ☐ ☐ ☐ ☐

照合通知書による報告は、顧客の有価証券等に関する取引の種類等の区分及び残高等について、その異動がある都度又は顧客から請求がある都度、行うことになっている。

解答

[問題15] ×　　　　　　　　　　　　　　　　　　　　テ78
同一名義人の当座貸越設定口座から、債券先物取引用口座への自動振替は<u>禁止</u>されている。

[問題16]　○　　　　　　　　　　　　　　　　　　　　テ78

[問題17]　×　　　　　　　　　　　　　　　　　　　　テ79
協会員は、<u>法人関係情報を取得した役職員に対し、その取得した法人関係情報を直ちに管理部門に報告するなど法人関係情報を取得した際の管理のために必要な手続きを定め、業務上不必要な部門に伝わらないように管理しなければならない</u>。

[問題18]　×　　　　　　　　　　　　　　　　　　　　テ79
法人関係部門とは、主として業務（金融商品取引業及びその付随業務又は登録金融機関業務をいう）を行っている部門のうち、<u>主として業務上、法人関係情報を取得する可能性の高い部門</u>をいう。

[問題19]　○　　　　　　　　　　　　　　　　　　　　テ81

[問題20]　○　　　　　　　　　　　　　　　　　　　　テ81

[問題21]　○　　　　　　　　　　　　　　　　　　　　テ81

[問題22]　×　　　　　　　　　　　　　　　　　　　　テ82
照合通知書による報告は、顧客の有価証券等に関する<u>取引の種類等の区分</u>に<u>従って、それぞれに定める頻度で行わなければならない</u>。

【問題23】 □ □ □ □

取引残高報告書を定期的に交付している顧客又は通帳方式により通知している顧客であり、当該取引残高報告書若しくは当該通帳に、照合通知書に記載すべき項目を記載している場合には、照合通知書の作成・交付が免除される。

【問題24】 □ □ □ □

照合通知書の記載事項として、預り金の直近の残高があるが、立替金は含まない。

【問題25】 □ □ □ □

特別会員は、照合通知書による報告を行う時点で金銭及び有価証券等の残高がない顧客であっても、直前に行った報告以後1年に満たない期間において、その残高があった場合には、顧客に現在その残高がない旨の報告を照合通知書により行わなければならない。

【問題26】 □ □ □ □

照合通知書の作成は、特別会員の検査、監査又は営業の担当部門において行うこととされている。

【問題27】 □ □ □ □

照合通知書の交付の方法は、顧客との直接連絡を確保する趣旨から、当該顧客の住所、事務所の所在地又は当該顧客が指定した場所に郵送することが原則とされている。

【問題28】 □ □ □ □

顧客から照合通知書に記載されている、金銭、有価証券の残高について照会があったときは、特別会員の検査、監査又は管理の担当部門が受け付け、当該部門が遅滞なく回答を行わなければならない。

【問題29】 □ □ □ □

契約締結時交付書面を顧客に交付するときは、顧客との直接連絡を確保する趣旨から、原則として、当該顧客に直接手渡すこととされている。

【問題30】 □ □ □ □

内部管理責任者は、自らが任命された本店、その他の営業所又は事務所等の営業単位における投資勧誘等の営業活動、顧客管理に関し、重大な事案が生じた場合には、営業責任者に報告しなければならない。

解答

[問題23] ○　　　　　　　　　　　　　　　　　　　　　　　テ83

[問題24] ×　　　　　　　　　　　　　　　　　　　　　　　テ83
照合通知書の記載事項として、<u>立替金及び預り金の直近の残高は含まれる</u>。

[問題25] ○　　　　　　　　　　　　　　　　　　　　　　　テ83

[問題26] ×　　　　　　　　　　　　　　　　　　　　　　　テ84
照合通知書の作成は、特別会員の<u>検査、監査又は管理の担当部門において行う</u>こととされている。

[問題27] ○　　　　　　　　　　　　　　　　　　　　　　　テ84

[問題28] ○　　　　　　　　　　　　　　　　　　　　　　　テ85

[問題29] ×　　　　　　　　　　　　　　　　　　　　　　　テ85
契約締結時交付書面を顧客に交付するときは、当該顧客の住所、事務所の所在地又は当該顧客が指定した場所に<u>郵送する</u>ことを原則としている。

[問題30] ×　　　　　　　　　　　　　　　　　　　　　　　テ87
<u>内部管理統括責任者</u>に報告しなければならない。

[問題31] ☐ ☐ ☐ ☐

協会員は、他の協会員の役職員を出向により受け入れることは禁止されている。

[問題32] ☐ ☐ ☐ ☐

協会員は、他の協会員の従業員であった者又は現に他の協会員の従業員等を採用しようとする場合は、一級不都合行為者としての取扱い又は二級不都合行為者としての取扱い及び処分について、所定の方法により日本証券業協会に照会しなければならない。

[問題33] ☐ ☐ ☐ ☐

協会員の従業員は、いかなる名義を用いているかを問わず、自己の計算において有価証券関連デリバティブ取引等を行ってはならない。

[問題34] ☐ ☐ ☐ ☐

「仮名取引」とは、口座名義人とその口座で行われる取引の効果帰属者が一致しない取引のことであり、例えば顧客が架空名義あるいは他人の名義を使用してその取引の法的効果を得ようとする取引のことをいう。

[問題35] ☐ ☐ ☐ ☐

協会員は、口座名義人の配偶者から注文がなされた場合は、仮名取引となるので、当該注文を受けてはならない。

[問題36] ☐ ☐ ☐ ☐

協会員の従業員が有価証券の取引について、顧客と損益を共にする場合、あらかじめ内部管理責任者の承諾を得なければならない。

[問題37] ☐ ☐ ☐ ☐

協会員の従業員は、顧客から有価証券の売買注文を受けた場合において、当該顧客から書面による承諾を受けた場合に限り、自己がその相手方となって売買を成立させることができる。

[問題38] ☐ ☐ ☐ ☐

協会員の従業員は、自己の有価証券の売買その他の取引等について、顧客の書面による承諾がある場合に限り、顧客の名義を使用することができる。

解答

[問題31] ×　　　　　　　　　　　　　　　　　　　　　　　　🕮88
　協会員が、他の協会員の使用人を自己の従業員として採用することは禁止されているが、出向によって受け入れ採用する場合は、<u>採用の禁止の対象外</u>とされている。

[問題32] ○　　　　　　　　　　　　　　　　　　　　　　　　🕮88
　問題文は、協会員の従業員の採用時の協会への照会の記述である。

[問題33] ○　　　　　　　　　　　　　　　　　　　　　　　　🕮89

[問題34] ○　　　　　　　　　　　　　　　　　　　　　　　　🕮89

[問題35] ×　　　　　　　　　　　　　　　　　　　　　　　　🕮89
　配偶者や二親等内の血族であることなどの確認が行われているのであれば、<u>仮名取引であることを告知されたというような特段の事情がない限り、その注文の受託が仮名取引の禁止規定に違反する可能性は低い</u>と考えられる。

[問題36] ×　　　　　　　　　　　　　　　　　　　　　　　　🕮89
　協会員の従業員が有価証券の取引について、<u>いかなる場合も顧客と損益を共</u>にすることを約束して、勧誘し又は実行してはならない。

[問題37] ×　　　　　　　　　　　　　　　　　　　　　　　　🕮90
　協会員の従業員は、顧客から有価証券の売買注文を受けた場合、<u>いかなる場合も自己がその相手方となって売買を成立させてはならない</u>。

[問題38] ×　　　　　　　　　　　　　　　　　　　　　　　　🕮90
　協会員の従業員は、自己の有価証券の売買その他の取引等について、<u>いかなる場合も、顧客の名義又は住所を使用してはならない</u>。

4・協会定款

[問題39] ☐ ☐ ☐ ☐

協会員の従業員は、有価証券の売買その他の取引等に関して、顧客と金銭、有価証券の貸借（顧客の債務の立替を含む）を行ってはならない。

[問題40] ☐ ☐ ☐ ☐

協会員の従業員は、顧客に関する情報を不正に取得し、それを業務に使用若しくは漏えいしてはならない。

[問題41] ☐ ☐ ☐ ☐

広告審査担当者の審査を受けずに、従業員限りで広告等の表示又は景品類の提供を行うことは禁止されている。

[問題42] ☐ ☐ ☐ ☐

協会員の従業員は、投資信託受益証券等の乗換えを勧誘するに際し、当該乗換えに関する重要な事項についての説明は、特定投資家に対しても行わなければならない。

[問題43] ☐ ☐ ☐ ☐

特定投資家以外の顧客に対して行う上場CFD取引に係る契約の勧誘に関して、勧誘受託意思の確認義務及び再勧誘の禁止が課される。

[問題44] ☐ ☐ ☐ ☐

協会員は、その従業員が有価証券の売買その他の取引等において銘柄、価格、数量、指値又は成行の区別等、顧客の注文内容について確認を行わないまま注文を執行することがないように指導及び監督しなければならない。

[問題45] ☐ ☐ ☐ ☐

協会員は、その従業員が有価証券等の性質又は取引の条件について、顧客を誤認させるような勧誘をしないように指導及び監督しなければならない。

[問題46] ☐ ☐ ☐ ☐

日本証券業協会は、不都合行為者として取扱われた外務員について、外務員資格を取り消すことができる。

[問題47] ☐ ☐ ☐ ☐

二級不都合行為者は、二級不都合行為者としての取扱いの決定の日から３年間、協会員の従業員としての採用が禁止される。

解答

[問題39] ○ ㊦90

[問題40] ○ ㊦90

[問題41] ○ ㊦90

[問題42] × ㊦91
投資信託証券の乗換えを勧誘するに際し、<u>特定投資家に対しては、</u>当該乗換えに関する重要な事項についての<u>説明義務は適用されない。</u>

[問題43] ○ ㊦91、102
なお、店頭CFD取引では、勧誘受託意思の確認義務及び再勧誘の禁止及び不招請勧誘の禁止が課される。

[問題44] ○ ㊦91
問題文は、未確認売買の記述である。

[問題45] ○ ㊦91
問題文は、誤認勧誘の記述である。

[問題46] ○ ㊦92
なお、不都合行為者のうち、金融商品取引業の信用への影響が特に著しい行為を行ったと認められる者を一級不都合行為者として、その他の者を二級不都合行為者として取り扱う。

[問題47] × ㊦92
<u>5年間、</u>協会員の従業員としての採用が禁止される。なお、一級不都合行為者は、期限を設けずに協会員の従業員としての採用が禁止される。

[問題48] ☐ ☐ ☐ ☐

特別会員一種外務員は、外務員のうち登録金融機関業務に係る外務員の職務のすべてを行うことができる。

[問題49] ☐ ☐ ☐ ☐

特別会員二種外務員は、店頭デリバティブ取引に類する複雑な仕組債を取り扱うことはできないが、レバレッジ投資信託は取り扱うことができる。

[問題50] ☐ ☐ ☐ ☐

協会員は、その役員又は従業員のうち、外務員の種類ごとに定める一定の資格を有し、かつ外務員の登録を受けた者でなければ、外務員の職務を行わせてはならない。

[問題51] ☐ ☐ ☐ ☐

協会員は、その役員又は従業員に外務員の職務を行わせる場合には、その者の氏名、生年月日その他の事項につき、証券取引等監視委員会に備える外務員登録原簿に登録を受けなければならない。

[問題52] ☐ ☐ ☐ ☐

日本証券業協会は、登録を受けている外務員が金融商品取引法に定める欠格事由に該当した場合にはその登録を取り消し、又は期間を定めて外務員の職務を停止する処分を行うことができる。

[問題53] ☐ ☐ ☐ ☐

日本証券業協会は、外務員の資格に関する処分として、外務員（外務員であった者を含む）が外務員の職務又はこれに付随する業務に関し法令に違反したとき、その他外務員の職務に関して著しく不適当な行為をしたと認められるときは、決定により、当該行為時に所属していた協会員に対し当該外務員につき５年以内の期間を定めて外務員の職務を禁止する措置を講じる。

[問題54] ☐ ☐ ☐ ☐

協会員は、外務員の登録を受けている者については、外務員登録日を基準として５年ごとの日の属する月の初日から１年間を受講義務期間とし、当該受講義務期間内に、日本証券業協会の外務員資格更新研修を受講させなければならない。

解答

[問題48] ○   テ93

[問題49] ×   テ93
　特別会員二種外務員は、店頭デリバティブ取引に類する複雑な仕組債、店頭デリバティブ取引に類する複雑な投資信託及びレバレッジ投資信託を取り扱うことはできない。

[問題50] ○   テ94

[問題51] ×   テ94
　日本証券業協会に備える外務員登録原簿に登録を受けなければならない。

[問題52] ○   テ94
　なお、日本証券業協会は、登録を受けている外務員が金融商品取引法に定める欠格事由に該当した場合にはその登録を取り消し、又は2年以内の期間を定めて外務員の職務を停止する処分を行うことができる。

[問題53] ○   テ95

[問題54] ○   テ95
　なお、外務員登録を受けていない者が新たに登録を受けたときは、登録日後180日以内に受講する必要がある。

4・協会定款

〔問題55〕 ☐ ☐ ☐ ☐

協会員は、外務員登録を受けていない者が新たに登録を受けたときは、登録日後180日以内に、日本証券業協会の外務員資格更新研修を受講させなければならない。

〔問題56〕 ☐ ☐ ☐ ☐

外務員は、受講義務期間内に、日本証券業協会の外務員資格更新研修を修了しなかった場合、すべての外務員資格の効力が停止し外務員の職務を行えなくなる。

〔問題57〕 ☐ ☐ ☐ ☐

受講義務期間内に外務員資格更新研修を修了しなかった場合でも、外務員資格が取り消されることはない。

〔問題58〕 ☐ ☐ ☐ ☐

協会員は、登録を受けている外務員について、外務員資格更新研修とは別に、3年に1度、外務員の資質向上のための社内研修を受講させる必要がある。

〔問題59〕 ☐ ☐ ☐ ☐

協会員が行う広告等の表示及び景品類の提供に関する規則では、協会員としての品位を損なう表示や、協会員間の公正な競争を妨げる等の表示は行ってはならないこととされている。

〔問題60〕 ☐ ☐ ☐ ☐

協会員は、判断、評価等が入る広告等の表示を行ってはならない。

〔問題61〕 ☐ ☐ ☐ ☐

広告審査担当者の審査を受けなくても、営業責任者が同行している場合に限り広告等の表示又は景品類の提供を行うことが認められている。

〔問題62〕 ☐ ☐ ☐ ☐

日本証券業協会は、公社債の店頭売買を行う投資者及び協会員の参考に資するため、指定する協会員からの報告に基づき売買参考統計値を毎営業日発表している。

解答

[問題55] ○ ㋜95

[問題56] ○ ㋜95
　また、受講義務期間の最終日の翌日から180日までの間に外務員資格更新研修を修了しなかった場合には、すべての外務員資格が取り消される。

[問題57] × ㋜95
　受講義務期間に外務員資格更新研修を修了しなかった場合には、外務員資格更新研修を修了するまでの間、<u>すべての外務員の効力が停止し、外務員の職務を行うことができなくなる</u>。また、受講義務期間の最終日の翌日から180日までの間に当該研修を修了しなかった場合には、すべての外務員資格が取り消される。

[問題58] × ㋜95
　外務員の資質向上のための社内研修は、<u>毎年</u>受講させなければならない。

[問題59] ○ ㋜96

[問題60] × ㋜96
　<u>その根拠を明示すれば、判断、評価等が入る広告等の表示を行うことができる</u>。

[問題61] × ㋜90、97
　営業責任者の同行の有無にかかわらず、<u>広告審査担当者の審査を受けずに、広告等の表示又は景品類の提供を行うことは禁止されている</u>。

[問題62] ○ ㋜98、176

【問題63】 ☐ ☐ ☐ ☐

協会員は、顧客との間で公社債の店頭売買を行うときは、合理的な方法で算出された社内時価を基準にして取引しなければならない。

【問題64】 ☐ ☐ ☐ ☐

協会員は、公社債の額面1,000万円未満の取引を店頭取引で行おうとする小口投資家については、価格情報の提示や公社債店頭取引の知識啓発に十分留意し、より一層取引の公正性に配慮しなければならない。

【問題65】 ☐ ☐ ☐ ☐

協会員は、顧客との間で公社債の店頭取引を行うに当たって、上場債券を取引する小口投資家に対しては、取引所金融商品市場における取引と店頭取引の相違点についての説明等は義務付けられていない。

【問題66】 ☐ ☐ ☐ ☐

協会員は、国債の発行日前取引を初めて行う顧客に対し、あらかじめ、当該取引が停止条件付売買であることを説明しなければならない。

【問題67】 ☐ ☐ ☐ ☐

協会員が、顧客の損失を補塡し、又は利益を追加する目的をもって、同一銘柄の公社債の店頭取引において、当該顧客又は第三者に有利となり、協会員に不利となる価格で売付けと買付けを同時に行う取引は、異常な取引として禁止される。

【問題68】 ☐ ☐ ☐ ☐

協会員は、公社債の店頭取引を行ったときは、約定時刻等を記載した注文伝票を作成しなければならない。

【問題69】 ☐ ☐ ☐ ☐

協会員は、顧客と外国証券の取引に係る契約を締結しようとするときは、あらかじめ各協会員が定める様式の外国証券取引口座に関する約款を当該顧客に交付し、当該顧客から約款に基づく取引口座の設定に係る申込みを受けなければならない。

解答

[問題63]　○　　　　　　　　　　　　　　　　　　　　〒98

[問題64]　○　　　　　　　　　　　　　　　　　　　　〒98

[問題65]　×　　　　　　　　　　　　　　　　　　　　〒98
　協会員は、顧客との間で公社債の店頭取引を行うに当たって、上場債券を取引する小口投資家（公社債の額面1,000万円未満の取引を行う顧客）に対する取引所金融商品市場における取引と店頭取引の相違点についての説明等が義務付けられている。

[問題66]　○　　　　　　　　　　　　　　　　　　　　〒98

[問題67]　○　　　　　　　　　　　　　　　　　　　　〒99

[問題68]　○　　　　　　　　　　　　　　　　　　　　〒99

[問題69]　○　　　　　　　　　　　　　　　　　　　　〒99
　なお、顧客との外国証券の取引は、公開買付けに対する売付けを取り次ぐ場合を除き、約款の条項に従って行わなければならない。

4・協会定款

【問題70】 ☐ ☐ ☐ ☐

外国証券については、募集及び売出し等の場合を除き金融商品取引法に基づく企業内容等の開示が行われておらず、投資者の入手し得る情報が限られていることから、協会員は、顧客に対する外国証券の勧誘に際しては、顧客の意向、投資経験、及び資力等に適合した投資が行われるよう十分配慮しなければならない。

【問題71】 ☐ ☐ ☐ ☐

協会員は、国内で開示が行われていない外国証券の取引の注文を顧客から受けてはならない。

【問題72】 ☐ ☐ ☐ ☐

協会員が適格機関投資家を除く顧客に販売等ができる外国投資信託証券は、「外国証券取引に関する規則」に規定する要件を満たす国又は地域で設立され、外国投資信託受益証券及び外国投資証券ごとにそれぞれ規定されている「選別基準」に適合しているものでなくてはならない。

【問題73】 ☐ ☐ ☐ ☐

協会員は、外国投資信託証券が選別基準に適合しなくなった場合において、顧客から買戻しの取次ぎ又は解約の取次ぎの注文があったときは、これに応じなくてもよい。

【問題74】 ☐ ☐ ☐ ☐

協会員は、自社が販売した外国投資信託証券が選別基準に適合しなくなった場合、遅滞なくその旨を顧客に通知しなければならない。

【問題75】 ☐ ☐ ☐ ☐

取引所内の価格に基づいて行う、取引所外での差金決済取引は禁止されている。

【問題76】 ☐ ☐ ☐ ☐

協会員は、個人を相手方とする店頭CFD取引の勧誘に関して、不招請勧誘の禁止、勧誘受諾意思の確認義務及び再勧誘の禁止が適用される。

解答

[問題70] ○ 〒100

[問題71] × 〒100
協会員は顧客から、国内で開示が行われていない外国証券の取引の注文を受ける場合には、顧客にこの旨を説明し、あらかじめ注意喚起しなければならない。

[問題72] ○ 〒101

[問題73] × 〒101
協会員は、外国投資信託証券が選別基準に適合しなくなった場合においても、顧客から買戻しの取次ぎ又は解約の取次ぎの注文があったときは、これに応じなければならない（買戻し義務）。

[問題74] ○ 〒101

[問題75] × 〒102
差金決済取引（CFD取引）とは、有価証券や有価証券指数を参照とする取引開始時の取引価格と取引終了時の取引価格との差額により差金決済を行う取引であり、上場CFD取引のほか、店頭CFD取引も一定の要件の下で行われている。

[問題76] ○ 〒102
なお、上場CFD取引の勧誘に関して、不招請勧誘の禁止は適用されず、勧誘受諾意思の確認義務及び再勧誘の禁止が適用される。

選択問題

[問題77] ☐ ☐ ☐ ☐

次の文章について、正しいものはどれか。正しい記述に該当するものをイ〜ハから選んでいる選択肢の番号を1つマークしなさい。

イ．協会員は、投資勧誘に当たっては、顧客に対し、投資は投資者自身の判断と責任において行うべきものであることを理解させるものとし、顧客の側にも、この考え方を明確に持ってもらう必要がある。

ロ．協会員は、投資信託の取引を行うに当たっては、取引開始基準を定め、その基準に適合した顧客との間で取引の契約を締結するものとされている。

ハ．協会員は、顧客の投資経験、投資目的、資力等を十分に把握し、顧客の意向と実情に適合した投資勧誘を行うよう努めなければならない。

1．正しいのはイ及びロであり、ハは正しくない。
2．正しいのはイ及びハであり、ロは正しくない。
3．正しいのはロ及びハであり、イは正しくない。
4．イ、ロ及びハすべて正しくない。

[問題78] ☐ ☐ ☐ ☐

次の文章のうち、「顧客カード」に関する記述として正しいものはどれか。正しい記述に該当するものをイ〜ハから選んでいる選択肢の番号を1つマークしなさい。

イ．顧客カードの記載事項に、「資産の状況」は含まれる。
ロ．顧客カードの記載事項に、「本籍地」は含まれる。
ハ．顧客カードの記載事項に、「学歴」は含まれる。

1．正しいのはイのみであり、ロ及びハは正しくない。
2．正しいのはロのみであり、イ及びハは正しくない。
3．正しいのはハのみであり、イ及びロは正しくない。
4．イ、ロ及びハすべて正しくない。

解答

[問題77]　2　　　　　　　　　　　　　　　　　　　　テ71、73

- イ．○　問題文は、自己責任原則の徹底の記述である。
- ロ．×　投資信託は、<u>取引開始基準</u>の<u>適用外</u>である。
- ハ．○　問題文は、適合性の原則の記述である。

[問題78]　1　　　　　　　　　　　　　　　　　　　　テ72

- イ．○
- ロ．×　顧客カードの記載事項に、<u>「本籍地」は含まれない</u>。
- ハ．×　顧客カードの記載事項に、<u>「学歴」は含まれない</u>。

問題

[問題79] ☐ ☐ ☐ ☐

次の文章について、正しいものはどれか。正しい記述に該当するものをイ〜ハから選んでいる選択肢の番号を1つマークしなさい。

イ．協会員は、ブル型のレバレッジ投資信託の勧誘を行う場合、当該投資信託の販売における勧誘開始基準を定め、顧客に対し、指標の下落などリスクの説明を行わなければならない。

ロ．協会員は、顧客（特定投資家を除く）と、有価証券関連デリバティブ取引等の販売に係る契約を締結しようとするときは、あらかじめ当該顧客に対し注意喚起文書を交付しなければならない。

ハ．協会員は、顧客（特定投資家を除く）と、特定店頭デリバティブ取引等の契約を初めて締結しようとするときは、当該取引のリスク等の内容を理解し、顧客の判断と責任において当該取引等を行う旨の確認を得るため、当該顧客から当該取引等に係る確認書を徴求しなければならない。

1．正しいのはイ及びロであり、ハは正しくない。
2．正しいのはイ及びハであり、ロは正しくない。
3．正しいのはロ及びハであり、イは正しくない。
4．イ、ロ及びハすべて正しい。

[問題80] ☐ ☐ ☐ ☐

次の文章のうち、「協会員の投資勧誘、顧客管理等に関する規則」に関する記述として正しいものはどれか。正しい記述に該当するものをイ〜ハから選んでいる選択肢の番号を1つマークしなさい。

イ．特別会員は、投資信託を取り扱う場合には、「投資信託は元本の保証がされていないこと」を説明しなければならない。

ロ．特別会員は、投資信託を取り扱う場合には、「投資信託は預金等ではないこと」を説明しなければならない。

ハ．特別会員は、投資信託を取り扱う場合には、「投資信託は預金保険法に規定する保険金の支払いの対象とはならないこと」を説明しなければならない。

1．正しいのはイ及びロであり、ハは正しくない。
2．正しいのはイ及びハであり、ロは正しくない。
3．正しいのはロ及びハであり、イは正しくない。
4．イ、ロ及びハすべて正しい。

解答

[問題79]　4　テ72～74

イ．○　なお、ブル型のレバレッジ投資信託は、純資産額の変動率が基準指
標の2倍以上に設定されているため、純資産額が1％下落すると、
基準価額が2％以上下落する可能性もある。

ロ．○　なお、契約締結前1年以内に同種の有価証券の販売に係る注意喚起
文書を交付している場合及び目論見書の交付を受けないことについ
て同意している場合は、この限りではない。

ハ．○

[問題80]　4　テ74

イ．○

ロ．○

ハ．○

いずれも「預金等との誤認防止」の記述である。

[問題81] ☐ ☐ ☐ ☐

「内部者登録カード」に関する次の文章のうち、正しいものはどれか。正しい記述に該当するものをイ～ハから選んでいる選択肢の番号を1つマークしなさい。

イ．内部者登録カードの記載事項に、「氏名又は名称」は含まれる。

ロ．内部者登録カードの記載事項に、「会社名、役職名及び所属部署」は含まれる。

ハ．内部者登録カードの記載事項に、「上場会社等の役員等に該当することとなる上場会社等の名称及び銘柄コード」は含まれる。

1．正しいのはイ及びロであり、ハは正しくない。
2．正しいのはイ及びハであり、ロは正しくない。
3．正しいのはロ及びハであり、イは正しくない。
4．イ、ロ及びハすべて正しい。

[問題82] ☐ ☐ ☐ ☐

次の文章について、正しいものはどれか。正しい記述に該当するものをイ～ハから選んでいる選択肢の番号を1つマークしなさい。

イ．特別会員は、顧客に対して、融資、保証等に関する特別の便宜の提供を約し、登録金融機関業務に係る取引又は当該取引の勧誘を行ってはならない。

ロ．特別会員は、新規顧客、大口取引顧客等からの注文の受託に際しては、あらかじめ当該顧客から買付代金又は売付有価証券の全部又は一部の預託を受ける等、取引の安全性の確保に努めなければならないとされている。

ハ．特別会員は、顧客の投資経験、投資目的、資力等を十分に把握し顧客の意向と実情に適合した投資勧誘を行うよう努めなければならない。

1．正しいのはイ及びロであり、ハは正しくない。
2．正しいのはイ及びハであり、ロは正しくない。
3．正しいのはロ及びハであり、イは正しくない。
4．イ、ロ及びハすべて正しい。

解答

[問題81]　4　　　　　　　　　　　　　　　　　　　　テ76

　イ．○

　ロ．○

　ハ．○

[問題82]　4　　　　　　　　　　　　　　　　　　　　テ71、77

　イ．○

　ロ．○

　ハ．○　問題文は、適合性の原則の記述である。

[問題83] ☐ ☐ ☐ ☐

次の文章のうち、「協会員の投資勧誘、顧客管理等に関する規則」に関する記述として正しいものはどれか。正しい記述に該当するものをイ～ハから選んでいる選択肢の番号を1つマークしなさい。

イ．協会員は、顧客の注文に係る取引の適正な管理に資するため、打刻機の適正な運用及び管理、コンピュータの不適正な運用の排除等を定めた社内規則を整備しなければならない。

ロ．協会員は、有価証券の売買その他の取引等を行う場合には、顧客の注文に係る取引と自己の計算による取引とを峻別し、顧客の注文に係る伝票を速やかに作成のうえ、整理、保存しなければならない。

ハ．協会員は、顧客から保管の委託を受けている又は振替口座簿への記載若しくは記録により管理している投資信託等について、顧客に当該投資信託等に係る損益（トータルリターン）を通知しなければならない。

1．正しいのはイ及びロであり、ハは正しくない。
2．正しいのはイ及びハであり、ロは正しくない。
3．正しいのはロ及びハであり、イは正しくない。
4．イ、ロ及びハすべて正しい。

解答

[問題83]　4　　　　　　　　　　　　　　　　　　　　　　〒77〜78

　イ．○

　ロ．○

　ハ．○

[問題84] □ □ □ □

次の文章のうち、「有価証券の寄託の受入れ等に関する規則」に関する記述として正しいものはどれか。正しい記述に該当するものをイ～ハから選んでいる選択肢の番号を1つマークしなさい。

イ．特別会員は、顧客から単純な寄託契約又は混合寄託契約により有価証券の寄託を受ける場合には、当該顧客と登録金融機関業務に関する業務内容方法書に定める保護預り規程に基づく有価証券の寄託に関する契約（保護預り契約）を締結しなければならない。

ロ．特別会員は、顧客から累積投資契約に基づく有価証券の寄託を受ける場合には、当該顧客と保護預り契約を締結しなければならない。

ハ．特別会員は、照合通知書による報告を行う時点で、登録金融機関業務に係る金銭及び有価証券等の残高がない顧客で、直前に行った報告以後1年に満たない期間においてその残高があった顧客に対しては、照合通知書により現在その残高がない旨の報告を行わなければならない。

1．正しいのはイ及びロであり、ハは正しくない。
2．正しいのはイ及びハであり、ロは正しくない。
3．正しいのはロ及びハであり、イは正しくない。
4．イ、ロ及びハすべて正しい。

[問題85] □ □ □ □

次の文章のうち、「有価証券の寄託の受入れ等に関する規則」に関する記述として正しいものはどれか。正しい記述に該当するものをイ～ハから選んでいる選択肢の番号を1つマークしなさい。

イ．特別会員は、顧客から保護預り口座設定申込書の提出があり、この申込みを承諾した場合には、遅滞なく保護預り口座を設定し、その旨を当該顧客に通知しなければならない。

ロ．特別会員は、営業の担当部門で、照合通知書を作成しなければならない。

ハ．特別会員は、照合通知書による報告を行う時点で、登録金融機関業務に係る金銭及び有価証券の残高がない顧客で、直前に行った報告以後3年に満たない期間においてその残高があった顧客に対しては、照合通知書により、現在残高がない旨の報告を行わなければならない。

1．正しいのはイのみであり、ロ及びハは正しくない。
2．正しいのはロのみであり、イ及びハは正しくない。
3．正しいのはハのみであり、イ及びロは正しくない。
4．イ、ロ及びハすべて正しくない。

解答

[問題84]　2　　　　　　　　　　　　　　　　　　　　　　〒81〜83

イ．○

ロ．✕　累積投資契約に基づいて有価証券の寄託を受ける場合には、<u>保護預り契約を締結する必要はない</u>。

ハ．○

[問題85]　1　　　　　　　　　　　　　　　　　　　　　〒81、83〜84

イ．○

ロ．✕　特別会員は、<u>検査・監査又は管理の担当部門</u>で、照合通知書を作成しなければならない。

ハ．✕　直前に行った報告以後<u>1年</u>に満たない期間においてその残高があった顧客に対しては、照合通知書により、現在残高がない旨の報告を行わなければならない。

[問題86] □ □ □ □

次の文章について、正しいものはどれか。正しい記述に該当するものをイ～
ハから選んでいる選択肢の番号を1つマークしなさい。

イ．協会員は、その従業員がいかなる名義を用いているかを問わず、信用取
引、有価証券関連デリバティブ取引等及び特定店頭デリバティブ取引等を
行うことのないようにしなければならない。

ロ．協会員の従業員が有価証券の取引について、顧客と損益を共にする場合
には、あらかじめ当該顧客の承諾を得なければならない。

ハ．協会員の従業員は、顧客に対して、融資、保証に関する特別の便宜の提
供を約し、登録金融機関業務に係る取引又は当該取引の勧誘を行ってはな
らない。

1．正しいのはイ及びロであり、ハは正しくない。
2．正しいのはイ及びハであり、ロは正しくない。
3．正しいのはロ及びハであり、イは正しくない。
4．イ、ロ及びハすべて正しい。

[問題87] □ □ □ □

次の文章について、正しいものはどれか。正しい記述に該当するものをイ～
ハから選んでいる選択肢の番号を1つマークしなさい。

イ．特別会員一種外務員は、外務員のうち、登録金融機関業務に係る外務員
の職務を行うことができる者をいう。

ロ．特別会員二種外務員は、有価証券関連デリバティブ取引等を行うことは
できないが、選択権付債券売買取引を行うことができる。

ハ．特別会員二種外務員は、店頭デリバティブ取引に類する複雑な投資信託
は扱えないが、レバレッジ投資信託に係る職務は扱うことができる。

1．正しいのはイのみであり、ロ及びハは正しくない。
2．正しいのはロのみであり、イ及びハは正しくない。
3．正しいのはハのみであり、イ及びロは正しくない。
4．イ、ロ及びハすべて正しくない。

解答

[問題86]　2　　　　　　　　　　　　　　　　　　　　　　テ89、91

イ．○　なお、協会員の従業員は、いかなる名義を用いているかを問わず、
　　　　自己の計算において有価証券関連デリバティブ取引等を行ってはな
　　　　らないこととなっている。

ロ．×　協会員の従業員は有価証券の取引について、<u>いかなる場合も顧客と
　　　　損益を共にすることを約束して勧誘し又は実行してはならない</u>。

ハ．○

[問題87]　1　　　　　　　　　　　　　　　　　　　　　　テ93

イ．○

ロ．×　特別会員二種外務員は、有価証券関連デリバティブ取引等だけでな
　　　　く、<u>選択権付債券売買取引</u>を行うこともできない。

ハ．×　特別会員二種外務員は、店頭デリバティブ取引に類する複雑な投資
　　　　信託だけでなく、<u>レバレッジ投資信託に係る職務も扱うことはでき
　　　　ない</u>。

4・協会定款

[問題88] □ □ □ □

次の文章について、正しいものはどれか。正しい記述に該当するものをイ〜ハから選んでいる選択肢の番号を1つマークしなさい。

イ．協会員は、その役員又は従業員に外務員の職務を行わせる場合は、その者の氏名、生年月日その他の事項につき、本社に備える外務員登録原簿に登録を受けなければならない。

ロ．協会員は、広告等の表示又は景品類の提供を行うときは、広告審査担当者を任命し、禁止行為に違反する事実がないかどうかを審査させなければならない。

ハ．協会員は、広告等の表示を行うとき、当該協会員の判断・評価等が入る場合は、その根拠を明示する必要がある。

1．正しいのはイ及びロであり、ハは正しくない。
2．正しいのはイ及びハであり、ロは正しくない。
3．正しいのはロ及びハであり、イは正しくない。
4．イ、ロ及びハすべて正しい。

[問題89] □ □ □ □

次の文章のうち、「外国証券の取引に関する規則」に関する記述として正しいものはどれか。正しい記述に該当するものをイ〜ハから選んでいる選択肢の番号を1つマークしなさい。

イ．外国投資信託証券には、わが国にはみられない形態があり、その種類も多いので、国内において販売等が行われる外国投資信託証券については、特に投資者保護の観点から、その選別基準、資料の公開、販売方法等についての規定が設けられている。

ロ．協会員は、顧客から外国証券の取引の注文を受ける場合には、当該顧客と外国証券の取引に関する契約を締結しなければならない。

ハ．協会員は、顧客に対する外国証券の投資勧誘に際しては、顧客の意向、投資経験及び資力等に適合した投資が行われるよう、十分に配慮しなければならない。

1．正しいのはイ及びロであり、ハは正しくない。
2．正しいのはイ及びハであり、ロは正しくない。
3．正しいのはロ及びハであり、イは正しくない。
4．イ、ロ及びハすべて正しい。

解答

[問題88]　3　　　　　　　　　　　　　　　　　　　　　テ94、96〜97

イ．✕　<u>日本証券業協会</u>に備える外務員登録原簿に登録を受けなければならない。

ロ．○

ハ．○

[問題89]　4　　　　　　　　　　　　　　　　　　　　　テ99〜101

イ．○

ロ．○

ハ．○

5 投資信託及び投資法人に関する業務

◯×問題 以下について、正しければ◯を、正しくなければ×をつけなさい。

[問題1] □ □ □ □
投資信託の特徴には、少額の資金で分散投資が可能なこと、専門家による運用、適切な投資者保護が図られていること、市場を通じた資金供給への寄与など重要な役割を果たしている。

[問題2] □ □ □ □
証券会社以外の金融機関で販売された投資信託は、当該販売会社が破綻した場合には、財産が保全されないことがある。

[問題3] □ □ □ □
公社債投資信託は、国債、地方債、社債など安全性の高い債券に投資するため、元本が保証されている。

[問題4] □ □ □ □
投資信託は、分配金が支払われると、その金額相当分、基準価額は下落する。

[問題5] □ □ □ □
投資信託の分配金は、期中に発生した運用収益を超えて支払われることはない。

[問題6] □ □ □ □
公募投資信託は、少数の投資家を対象とする一般投資家公募と適格機関投資家又は特定投資家のみを対象とする適格機関投資家公募に大別される。

[問題7] □ □ □ □
私募投資信託における運用やディスクロージャーに関する規制は、公募投資信託よりも厳しいものとなっている。

[問題8] □ □ □ □
会社型（投資法人）は、株式会社に準じた機構が制度化されており、投資主には投資主総会における議決権がある。

解答

[問題1] ○　　　　　　　　　　　　　　　　　　　　　　　　㋞106

[問題2] ×　　　　　　　　　　　　　　　　　　　　㋞107、110
　投資信託の場合、資金は窓口となっている証券会社・銀行などの販売会社を通過するだけであり、信託銀行において分別管理されているため、販売会社が破綻しても<u>財産が保全される</u>仕組みとなっている。

[問題3] ×　　　　　　　　　　　　　　　　　　　　　　　㋞107
　投資信託は、<u>元本が保証されていない</u>。公社債投資信託も例外ではない。

[問題4] ○　　　　　　　　　　　　　　　　　　　　　　　㋞107
　なお、分配金は、預貯金の利子とは異なり、投資信託の純資産から支払われるので、分配金が支払われると、その金額相当分、基準価額は下落する。

[問題5] ×　　　　　　　　　　　　　　　　　　　　　　　㋞107
　分配金は、期中に発生した<u>運用収益を超えて支払われる場合がある</u>。その場合、当期決算日の基準価額は前期決算日に比べて下落することとなる。

[問題6] ×　　　　　　　　　　　　　　　　　　　　　　　㋞108
　公募投資信託は、<u>不特定かつ多数（50名以上）の投資家</u>を対象に設定される投資信託である。なお、私募投資信託は、少数の投資家を対象とする一般投資家私募と適格機関投資家のみを対象とする適格機関投資家私募に大別される。

[問題7] ×　　　　　　　　　　　　　　　　　　　　　　　㋞108
　私募投資信託は、オーダーメイド的な性格が強いことから、運用やディスクロージャーに関する規制は、公募投資信託よりも<u>緩やか</u>なものとなっている。

[問題8] ○　　　　　　　　　　　　　　　　　　　　　　　㋞109

[問題9] □ □ □ □

　預金と投資信託の利益を計るには、利子（率）と分配金（率）で比較することができる。

[問題10] □ □ □ □

　委託者指図型投資信託は、委託者と受託者の間で締結された投資信託契約に基づき、委託者が運用の指図を行い、その受益権を分割して複数の投資者が取得する。

[問題11] □ □ □ □

　委託者指図型投資信託を設定するには、あらかじめ委託者、販売会社及び受託者の三者間で、投資信託契約が締結されていなければならない。

[問題12] □ □ □ □

　投資信託の投資対象となる特定資産は、有価証券、不動産等で投資を容易にすることが必要であるものとして、投資信託及び投資法人に関する法律施行令に定められている。

[問題13] □ □ □ □

　証券投資信託は、有価証券及び有価証券関連デリバティブ取引に係る権利に、原則として投資信託財産の総額の2分の1を超える額を投資しなければならない。

[問題14] □ □ □ □

　信託の受益権が複数の者に分割されず特定人にのみ与えられるものであっても、有価証券への投資運用を目的とするものであれば、証券投資信託に該当する。

[問題15] □ □ □ □

　株式の組み入れ比率30％以下の証券投資信託は、公社債投資信託に分類できる。

解答

[問題9] ✕   테109

　預金の元本は一定であるので、預金者の得られる利益はその利子率のみで計算できるが、投資信託の基準価額は、常に変動しているため、<u>投資家が得られる利益を計るには、分配金の額と基準価額の変動の両者を併せて考える必要がある</u>。

[問題10] ◯   테110

[問題11] ✕   테110、117

　委託者指図型投資信託を設定するには、あらかじめ<u>委託者と受託者の二者間</u>で、投資信託契約が締結されていなければならない。

[問題12] ◯   테111

　なお、特定資産には、有価証券、デリバティブ取引に関する権利、不動産、不動産の賃借権、地上権、商品など、12種類ある。

[問題13] ◯   테111

[問題14] ✕   테111

　「証券投資信託」は委託者指図型投資信託の一種であり、委託者指図型投資信託は受益権を複数の者に取得させることを目的としているものであるため、たとえ有価証券への投資運用を目的としていても、<u>受益権が特定人にのみ与えられるものは証券投資信託に該当しない</u>。

[問題15] ✕   테112

　株式の組み入れ比率30%以下の証券投資信託は、<u>株式投資信託</u>に分類される。公社債投資信託とは、株式を一切組み入れることができない証券投資信託のことである。

[問題16] □ □ □ □

日々決算型ファンドは、投資家の購入金額は、常に単位当たりの元本価格
(10,000円)と同一であり、基準価額も、運用で損失が生じない限り、単位当た
りの元本価格(10,000円)と常に同一で、信託財産に生じた利益はすべて分配
金となり、分配金は日々再投資される。

[問題17] □ □ □ □

単位型投資信託には、その時々の投資家のニーズや株式市場、債券市場等の
マーケットの状況に応じて、これに適合した仕組みの投資信託をタイムリーに
設定するいわゆるスポット投資信託がある。

[問題18] □ □ □ □

ETFは、日経平均などの株価指数に連動することを目的とした投資信託で、
株式以外の指標に基づくものは取引されていない。

[問題19] □ □ □ □

ETF(上場投資信託)は、ほかの証券投資信託と同様に、基準価額に基づく
価格で購入・換金することができる。

[問題20] □ □ □ □

ETF(上場投資信託)の分配金は、基本的には上場株式と同様であり、普通
分配金と元本払戻金(特別分配金)の区分はない。

[問題21] □ □ □ □

オープンエンド型の投資信託は、買い戻し義務がないため、クローズドエン
ド型の投資信託に比べ基金の資金量が安定している。

[問題22] □ □ □ □

外国投資信託とは、外国において外国の法令に基づいて設定された信託で、
投資信託に類するものをいう。

[問題23] □ □ □ □

毎月分配型投資信託の分配金は、ファンドが得た収益を超えて支払われるこ
とはない。

解答

[問題16]　×　　テ112、134～135

日々決算型ファンドの分配金は、日々でなく、毎月末に自動再投資される。

[問題17]　○　　テ113

なお、単位型投資信託は、ある一定の期間に投資家から資金を募り、集まった資金でファンドを設立した後は、追加の資金を受け付けない投資信託のことである。

[問題18]　×　　テ113

金や為替などの価格に連動するETFもあり、取引所に上場されている。そのためETFは「株価指数連動型上場投資信託」から「上場投資信託」と呼ばれるようになった。なお、連動対象となる指標が存在しないアクティブ運用型ETFも認められる。

[問題19]　×　　テ113

ETFは、ほかの証券投資信託と異なり、基準価額に基づく価格で購入・換金するのではなく、市場価格で売買される。

[問題20]　○　　テ113

[問題21]　×　　テ114

オープンエンド型の投資信託は、投資家が解約できる、つまり、発行者が発行証券を買い戻すことができるファンドであり、これにより基金の減少が絶えず行われる。問題文は、クローズエンド型の投資信託の記述である。

[問題22]　○　　テ114

外国投資信託を日本で販売する場合には、金融商品取引法と投信法が適用され、また、日本証券業協会の選別基準を満たす必要があり、日本で設定された投資信託と同じルールの下で販売が行われる。

[問題23]　×　　テ115

毎月分配型投資信託の分配金は、ファンドが得た収益を超えて支払われることもある。また、分配金が支払われないこともある。

[問題24] □ □ □ □

通貨選択型ファンドとは、債券や株式、REITなどの原資産をどの通貨で購入するかを選択できるファンドである。

[問題25] □ □ □ □

通貨選択型投資信託は、投資対象の価格変動リスクに加え、換算する通貨の為替変動リスクを被ること、為替取引における収益も必ずしも短期金利差に一致するものではないことに注意する必要がある。

[問題26] □ □ □ □

レバレッジ投資信託で、基準となる指数が上昇すると一定の倍率で連動して上昇するように設計されたものをブル型ファンド、逆に一定の倍率で下落するように設計されたものをベア型ファンドという。

[問題27] □ □ □ □

投資信託約款の記載事項に、信託の元本の償還及び収益の分配に関する事項が含まれる。

[問題28] □ □ □ □

投資信託約款の記載事項に、委託者における公告の方法がある。

[問題29] □ □ □ □

委託者指図型投資信託において、投資信託財産の設定及び、投資信託財産の運用の指図は投資信託委託会社の主な業務である。

[問題30] □ □ □ □

委託者指図型投資信託において、受益証券を発行するのは委託者の業務である。

[問題31] □ □ □ □

委託者指図型投資信託における受益者は、投資金額に応じて、均等の権利を持っている。

[問題32] □ □ □ □

委託者指図型投資信託において、投資信託の募集の取扱い及び売買は、投資信託委託会社の業務である。

解答

[問題24] × 〒115

通貨選択型ファンドとは、債券や株式、REITなどの原資産から得られる運用成果を、<u>原資産とは異なる通貨換算で受け取ることを目指す</u>ファンドであり、換金する通貨を選択できることから、通貨選択型投資信託と呼ばれる。

[問題25] ○ 〒115

なお、通貨選択型の投資信託は、株式や債券などの投資対象資産に加えて、為替取引の対象となる円以外の通貨も選択できるように設計された投資信託である。

[問題26] ○ 〒116

[問題27] ○ 〒117

このほか、投資信託約款の記載事項には、委託者及び受託者の商号又は名称、投資信託約款の変更に関する事項、委託者における公告の方法などがある。

[問題28] ○ 〒117

[問題29] ○ 〒118

[問題30] ○ 〒107、118

なお、ペーパーレス化により、受益権の発生や消滅、移転は振替口座簿の記録により行っている。

[問題31] × 〒119

委託者指図型投資信託における受益者は、<u>受益権の口数</u>に応じて、均等の権利を持っている。

[問題32] × 〒120

<u>販売会社</u>の業務である。

[問題33] □ □ □ □

委託者指図型投資信託において、目論見書、運用報告書の顧客への交付のほか、募集・販売に関する必要事項について、投資信託委託会社との相互連絡を行うことは、販売会社の業務である。

[問題34] □ □ □ □

アクティブ運用とは、東証株価指数や日経平均株価などの指数をベンチマークとし、ベンチマークにできるだけ近い運用成果を目指す運用手法である。

[問題35] □ □ □ □

1社の投資信託委託会社が運用している投資信託財産合計で、同一の法人の発行する株式を50％超保有してはならない。

[問題36] □ □ □ □

委託者指図型投資信託における投資信託委託会社の主な業務として、投資信託財産に組み入れた有価証券の議決権等の指図行使が挙げられる。

[問題37] □ □ □ □

金融商品取引業者及び登録金融機関は、投資家に投資信託を販売するときは、販売後遅滞なく、当該投資家に投資信託説明書（交付目論見書）を交付しなければならない。

[問題38] □ □ □ □

あらかじめ投資家の同意を得た上で目論見書の内容を電子メールで提供した場合でも、当該目論見書を交付したものとはみなされない。

[問題39] □ □ □ □

投資信託の販売に際し、金融商品取引業者が、顧客に対して当該投資信託が有するリスク等の重要事項についての説明義務を怠り、そのために当該顧客が損害を被った場合には、当該金融商品取引業者等が損害賠償責任を負う。

解答

[問題33] ○ 〒120

なお、目論見書、運用報告書の作成は投資信託委託会社が行う。

[問題34] × 〒121

アクティブ運用とは、ベンチマークとは異なるリスクを取りにいき、ベンチマークを上回る運用成果を目指す運用手法である。問題文は、インデックス運用（パッシブ運用）の記述である。

[問題35] ○ 〒123

[問題36] ○ 〒123

受託会社が投資信託財産に組み入れられている有価証券の名義人となっているため、議決権については、受益者に代わって委託会社が受託会社に対してその行使を指図する。

[問題37] × 〒124

金融商品取引業者及び登録金融機関は、投資家に投資信託を販売するときは、あらかじめ又は同時に、当該投資家に投資信託説明書（交付目論見書）を交付しなければならない。

[問題38] × 〒124

当該目論見書を交付したものとみなされる。

[問題39] ○ 〒56〜57、125

なお、金融サービスの提供及び利用環境の整備等に関する法律（金融サービス提供法）は、金融商品の販売業者が金融商品のもっているリスクなどの重要事項について顧客に説明する義務を定めており、投資信託の販売についても金融サービス提供法が適用される。

5・投信業務

【問題40】 ☐ ☐ ☐ ☐

金融商品取引業者等は、投資信託の分配金に関して、分配金の一部又はすべてが元本の一部払戻しに相当する場合があることを、顧客（特定投資家を除く）に分かり易く説明しなければならない。

【問題41】 ☐ ☐ ☐ ☐

NISA制度には、年間投資枠の制限があるので、短期間に金融商品の買換え（乗換え）を行う投資手法ではNISAを十分利用できない場合がある。

【問題42】 ☐ ☐ ☐ ☐

NISA口座を利用した投資信託の販売に当たっては、追加型株式投資信託の分配金のうち元本払戻金（特別分配金）は、NISAの制度上の非課税のメリットを享受できない旨を顧客に説明する必要がある。

【問題43】 ☐ ☐ ☐ ☐

協会員である投資信託の販売会社は、顧客に対し投資信託に係るトータルリターン（損益）を年に1回以上通知しなければならない。

【問題44】 ☐ ☐ ☐ ☐

金融商品取引業者等は、ファンドの換金を行うのに併せて他のファンドへの取得の申込勧誘（乗換え勧誘）をする場合には、解約する投資信託等の概算損益について説明する必要はない。

【問題45】 ☐ ☐ ☐ ☐

元本が保証されている預金等を取り扱っている金融機関は、顧客に対して、書面の交付その他の適切な方法によって、投資信託と預金等との誤認を防止するための説明を行わなければならない。

【問題46】 ☐ ☐ ☐ ☐

投資信託委託会社が、投資信託について広告又はこれに類似する行為をする場合に表示しなければならない事項に、「重要な事項について顧客の利益となる事実」が含まれる。

【問題47】 ☐ ☐ ☐ ☐

投資信託の販売手数料は、販売会社が独自に定めることができる。

解答

[問題40] ○　　　　　　　　　　　　　　　　　　　　　　　　㊉125

　また、勧誘を行う投資信託の販売手数料の料率だけでなく、購入代金に応じた販売手数料の金額についても説明しなければならない。

[問題41] ○　　　　　　　　　　　　　　　　　　　　　　　　㊉126

[問題42] ○　　　　　　　　　　　　　　　　　　　　　　　　㊉126

　元本払戻金（特別分配金）は、そもそも非課税であるため、NISAの非課税のメリットを享受できない。

[問題43] ○　　　　　　　　　　　　　　　　　　　　　　　　㊉126

[問題44] ×　　　　　　　　　　　　　　　　　　　　　　　　㊉126

　解約する投資信託等の概算損益等について<u>説明する必要がある</u>。

[問題45] ○　　　　　　　　　　　　　　　　　　　　　　　　㊉127

　なお、投資信託は預金ではないこと、預金保険、投資者保護基金の支払いの対象にならないこと、元本の返済が保証されていないことなどを説明しなければならない。

[問題46] ×　　　　　　　　　　　　　　　　　　　　　　　　㊉128

　顧客の利益となる事実ではなく、<u>顧客の不利益となる事実</u>である。

[問題47] ○　　　　　　　　　　　　　　　　㊉106、129、131

　そのため、同じファンドであっても販売会社により異なることがある。

5・投信業務

【問題48】 ☐ ☐ ☐ ☐

ブラインド方式は、申込時点において、基準価額が明らかになっていない方式のことをいい、この方式によって、フリーランチを防止し、金融商品市場の公平性を保つことになる。

【問題49】 ☐ ☐ ☐ ☐

基準価額とは、投資信託に組み入れられている株式や債券などを、原則として時価で評価し資産総額を求め、資産総額から負債総額を差し引いて、受益権口数で除した値をいう。

【問題50】 ☐ ☐ ☐ ☐

投資信託を保有している投資家（受益者）が、信託期間の途中で換金する方法には、解約、買取りの２種類がある。

【問題51】 ☐ ☐ ☐ ☐

投資信託には、投資信託約款によりあらかじめ解約請求することができない期間を定める場合があり、この期間を無分配期間という。

【問題52】 ☐ ☐ ☐ ☐

単位型投資信託は、信託期間の終了とともに償還となり、追加型投資信託でも一定の信託期間を設けているものが多い。いずれも、期限が到来すれば、例外なく償還が行われる。

【問題53】 ☐ ☐ ☐ ☐

投資信託委託会社は、投資信託契約を解約し、ファンドを償還させる場合は、あらかじめその旨を内閣総理大臣（金融庁長官）に届け出なければならない。

【問題54】 ☐ ☐ ☐ ☐

MRFの決算は毎日行われ、分配金は毎日再投資される。

【問題55】 ☐ ☐ ☐ ☐

MRFの換金代金の支払日は、請求日の４営業日目となっている。

【問題56】 ☐ ☐ ☐ ☐

長期公社債投信（追加型）については、最大500万円までのキャッシング（即日引出）が認められている。

解答

[問題48] ○ 〒131

[問題49] ○ 〒132
基準価額は原則、日々計算される。

[問題50] ○ 〒133

[問題51] × 〒133
投資信託には、投資信託約款によりあらかじめ解約請求することができない期間を定める場合があり、この期間をクローズド期間という。

[問題52] × 〒134
追加型投資信託でも一定の信託期間を設けているものが多く、期限が到来すれば、単位型と同じく償還が行われるが、投資信託委託会社の判断により、信託期間の更新（償還延長）の選択も可能である。

[問題53] ○ 〒118、134

[問題54] × 〒135
MRFの決算は毎日行われ、分配金は毎月末に自動的に再投資される。

[問題55] × 〒135
MRF（証券総合口座）の換金代金は、午前中に解約を受付け、投資家が希望した場合のみ当日から、それ以外は翌営業日に支払われる。

[問題56] × 〒135
長期公社債投信（追加型）には、キャッシングが認められていない。キャッシングが認められているのは、MRF等の日々決算型ファンドである。

【問題57】 □ □ □ □

追加型株式投資信託において、元本払戻金（特別分配金）の支払いを受けた投資家については、分配金発生日（決算日）において、個別元本から元本払戻金（特別分配金）を控除した額が、当該受益者のその後の個別元本とされる。

【問題58】 □ □ □ □

追加型株式投資信託の分配金について、普通分配金は各受益者の個別元本の払戻しとみて非課税に、元本払戻金（特別分配金）については課税の対象となる。

【問題59】 □ □ □ □

個人投資家の場合、株式投資信託を解約、買取にかかわらず、換金した場合の換金差益又は株式投資信託の償還を受けた場合の償還差益については、譲渡所得の対象となる。

【問題60】 □ □ □ □

公社債投資信託の分配金は、配当所得として全額が20.315％の源泉分離課税の対象となる。

【問題61】 □ □ □ □

NISAの非課税口座で買い付けた株式投資信託は、受け取る分配金や換金時の譲渡益は非課税となる。

【問題62】 □ □ □ □

NISAのつみたて投資枠の対象商品は、長期の積立・分散投資に適した公募・上場株式投資信託に限られる。

【問題63】 □ □ □ □

投資信託委託会社は、投資信託を取得しようとする者に対して、投資信託約款の内容を記載した書面を交付しなければならないが、投資信託説明書（目論見書）に投資信託約款の内容が記載されている場合は、当該書面を交付しなくてよい。

【問題64】 □ □ □ □

投資信託委託会社は、1年に1回、運用報告書を作成し、受益者に交付しなければならない。

解答

[問題57] ○ 〒136

[問題58] × 〒136
　追加型株式投資信託の分配金について、<u>普通分配金は課税の対象</u>となり、<u>元本払戻金（特別分配金）は各受益者の個別元本の払戻しとみて非課税</u>となる。

[問題59] ○ 〒139
　なお、税率は、20.315％（所得税15％、復興特別所得税0.315％及び住民税5％）で、申告分離課税の対象となる。

[問題60] × 〒139
　公社債投資信託の分配金は、<u>利子所得</u>として全額が20.315％（所得税15％、復興特別所得税0.315％及び住民税5％）の<u>申告分離課税</u>の対象となる。

[問題61] ○ 〒140
　なお、年間投資枠は、成長投資枠240万円、つみたて投資枠120万円、非課税保有限度額1,800万円（うち成長投資枠1,200万円）である。

[問題62] ○ 〒140
　なお、上場株式やJ-REITは対象外である。

[問題63] ○ 〒142

[問題64] × 〒142
　投資信託委託会社は、<u>各投資信託財産の決算期末ごとに遅滞なく</u>運用報告書を作成し、受益者に交付しなければならない。

[問題65] □ □ □ □

運用報告書（全体版）は、約款に定めることにより、電磁的方法で提供した場合は、交付したものとみなされる。

[問題66] □ □ □ □

投資法人は、資産の運用以外の行為も営業としてすることができる。

[問題67] □ □ □ □

投資法人は、その商号中に投資法人という文字を用いなければならない。

[問題68] □ □ □ □

設立企画人は、主として投資の対象とする特定資産と同種の資産を運用の対象等とする投資運用業の登録を受けた金融商品取引業者又は信託会社等でなければならない。

[問題69] □ □ □ □

設立企画人の少なくとも１名には、設立しようとする投資法人が主として投資の対象とする特定資産と同種の資産の運用事務経験があることなどが資格要件として定められている。

[問題70] □ □ □ □

投資法人の規約には、投資主の請求により投資口の払戻しをする旨又はしない旨、資産運用の対象及び方針、金銭の分配の方針などの記載事項が定められている。

[問題71] □ □ □ □

投資法人が常時保持する最低限度の純資産額は、１億円以上とされている。

[問題72] □ □ □ □

投資法人の成立時の出資総額は、設立の際に発行する投資口の払込金額の総額であり、5,000万円以上とされている。

[問題73] □ □ □ □

投資法人の合併、解散は、投資主総会の特別決議事項である。

[問題74] □ □ □ □

投資法人の執行役員は投資主総会で選任されるが、その人数に制限はなく、従って１人でもよい。

解答

[問題65] ○ 〒142
なお、受益者から請求があった場合は、交付しなければならない。

[問題66] × 〒144
投資法人は、資産運用以外の行為を<u>営業としてすることはできない</u>。

[問題67] ○ 〒144

[問題68] ○ 〒145

[問題69] ○ 〒145

[問題70] ○ 〒145

[問題71] × 〒145
最低限度の純資産額は、<u>5,000万円以上</u>とされている。

[問題72] × 〒145
成立時の出資総額は、設立の際に発行する投資口の払込金額の総額であり、<u>1億円以上</u>と定められている。

[問題73] ○ 〒146

[問題74] × 〒146
執行役員の数は、<u>1人又は2人以上と定められており</u>（投信法第95条）、1人でもよいが、「その数に制限がない」わけではない。

[問題75] ☐ ☐ ☐ ☐

　資産運用会社は、投資運用業を行う金融商品取引業者でなければならないが、投資対象に不動産が含まれる場合は、宅地建物取引業法上の免許・認可が必要となる。

[問題76] ☐ ☐ ☐ ☐

　一般投資家が上場不動産投資法人を売買する場合には、上場株式と同様、指値注文、成行注文及び信用取引が可能であり、手数料は販売会社が独自に定めている。

[問題77] ☐ ☐ ☐ ☐

　投資法人制度において、一般事務受託者は、投資法人に委託され、その資産の保管に係る業務を行う者をいう。

[問題78] ☐ ☐ ☐ ☐

　投資法人は、すべての業務を一般事務受託者に委託している。

選択問題

[問題79] ☐ ☐ ☐ ☐

　次の文章について、正しいものはどれか。正しい記述に該当するものをイ～ハから選んでいる選択肢の番号を1つマークしなさい。

　イ．契約型投資信託とは、受益者（投資家）と委託者（投資信託委託会社）
　　　が締結した投資信託契約に基づき委託者が信託財産の運用を行う投資信託
　　　である。
　ロ．会社型投資信託とは、資産運用を目的とする法人を設立し、その発行す
　　　る証券を投資家が取得する形態の投資信託である。
　ハ．契約型の場合は、信託財産そのものには法人格はないが、会社型の場合
　　　には、法人格をもった投資法人の資産運用という形態をとっている。

　1．正しいのはイ及びロであり、ハは正しくない。
　2．正しいのはイ及びハであり、ロは正しくない。
　3．正しいのはロ及びハであり、イは正しくない。
　4．イ、ロ及びハすべて正しい。

解答

[問題75] ○ 〒147

[問題76] ○ 〒147

[問題77] × 〒147〜148
一般事務受託者とは、投資法人の委託を受けて<u>その資産の運用及び保管に係る業務以外の業務に係る事務を行う者</u>をいう。

[問題78] × 〒147〜148
投資法人は、<u>資産の運用は資産運用会社に、資産の保管は資産保管会社に委託しており、それ以外の業務は一般事務受託者に委託している。</u>

[問題79] **3** 〒109
イ．× 契約型投資信託とは、<u>委託者（投資信託委託会社）と受託者（信託銀行等）</u>との間で締結した投資信託契約に基づき信託財産という形態で基金が設立され、当該信託の受益権を受益者（投資家）が取得する。
ロ．○
ハ．○

【問題80】 ☐ ☐ ☐ ☐

次の「委託者指図型投資信託の機構」に関する図のイ〜ハに当てはまるものとして正しいものはどれか。正しい番号を1つマークしなさい。

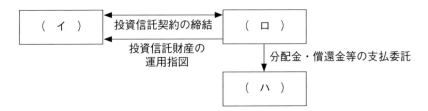

1. イ：受託会社　　　　　ロ：登録金融機関等　　ハ：投資信託委託会社
2. イ：受託会社　　　　　ロ：投資信託委託会社　ハ：登録金融機関等
3. イ：登録金融機関等　ロ：投資信託委託会社　ハ：受託会社
4. イ：登録金融機関等　ロ：受託会社　　　　　ハ：投資信託委託会社

【問題81】 ☐ ☐ ☐ ☐

次の文章のうち、「追加型公社債投資信託」に関する記述として正しいものはどれか。正しい記述に該当するものをイ〜ハから選んでいる選択肢の番号を1つマークしなさい。

イ．公社債投資信託には、決算日の基準価額でしか購入（追加設定）できないという特徴がある。

ロ．MRF（マネー・リザーブ・ファンド）は、日々決算が行われ、収益分配金は毎日再投資される。

ハ．公社債投資信託の投資対象は、国債、地方債、社債に限られている。

1. 正しいのはイのみであり、ロ及びハは正しくない。
2. 正しいのはロのみであり、イ及びハは正しくない。
3. 正しいのはハのみであり、イ及びロは正しくない。
4. イ、ロ及びハすべて正しくない。

解答

[問題80]　2　　　　　　　　　　　　　　　　　　　　　　テ110

◎投資信託契約は、投資信託委託会社と受託会社との間で締結される。

◎投資信託財産の運用指図は、投資信託委託会社が受託会社に対して行う。

◎分配金・償還金等の支払い委託は、投資信託委託会社が販売会社である登録金融機関等に対して行う。

以上より、選択肢2が正しい。

[問題81]　1　　　　　　　　　　　　　　　　　テ112、134〜135

イ．○

ロ．×　決算は毎日行われるが、収益分配金は毎月末に再投資される。

ハ．×　公社債投資信託の投資対象には、国債、地方債、社債だけではなく、コマーシャル・ペーパー（CP）、外国法人が発行する譲渡性預金証書（海外CD）、国債先物取引などもある。

5・投信業務

【問題82】 ☐ ☐ ☐ ☐

次の文章のうち、「ETF（上場投資信託）」に関する記述として正しいものはどれか。正しい記述に該当するものをイ～ハから選んでいる選択肢の番号を1つマークしなさい。

イ．ETFは、取引所に上場されている投資信託である。

ロ．ETFの譲渡損益、分配金に対する税制上の取扱いは、基本的に上場株式と同じで、分配金については、普通分配金と元本払戻金（特別分配金）の区別はない。

ハ．ETFの売買注文は、指値注文は可能だが、成行注文はできない。

1．正しいのはイ及びロであり、ハは正しくない。
2．正しいのはイ及びハであり、ロは正しくない。
3．正しいのはロ及びハであり、イは正しくない。
4．イ、ロ及びハすべて正しい。

[問題83] ☐ ☐ ☐ ☐

次の文章のうち、正しいものはどれか。正しい記述に該当するものをイ～ハから選んでいる選択肢の番号を1つマークしなさい。

イ．外国投資信託とは、外国において外国の法令に基づいて設定された信託で、投資信託に類するものをいう。

ロ．クローズドエンド型は、オープンエンド型に比べると基金の資金量が安定しているので、運用者はこの点の心配なく運用に専念できる。

ハ．ETFの取引単位は一律ではなく、ファンドごとに設定されている。

1．正しいのはイ及びロであり、ハは正しくない。
2．正しいのはイ及びハであり、ロは正しくない。
3．正しいのはロ及びハであり、イは正しくない。
4．イ、ロ及びハすべて正しい。

解答

[問題82]　1　　　　　　　　　　　　　　　　　　　　　〒113

イ．○

ロ．○

ハ．✕　ETFの売買注文は、指値注文だけでなく、<u>成行注文も可能</u>である。
また、信用取引も可能である。

[問題83]　4　　　　　　　　　　　　　　　　　　　　　〒113〜114

イ．○　なお、外国投資信託を日本で販売する場合は、金商法及び投信法が
適用され、日本証券業協会の選別基準を満たす必要がある。

ロ．○

ハ．○

[問題84] □ □ □ □

次の文章のうち、正しいものはどれか。正しい記述に該当するものをイ～ハから選んでいる選択肢の番号を1つマークしなさい。

イ．委託者指図型投資信託において、投資信託財産の名義人となって分別保管し、自己の名で管理するのは、投資信託委託会社の業務である。

ロ．委託者指図型投資信託において、目論見書及び運用報告書などのディスクロージャー作成は、受託会社の業務である。

ハ．委託者指図型投資信託において、受益者から買い取ったファンドの投資信託委託会社への解約請求及び受益者からの解約請求の取次ぎは、販売会社の業務である。

1．正しいのはイのみであり、ロ及びハは正しくない。
2．正しいのはロのみであり、イ及びハは正しくない。
3．正しいのはハのみであり、イ及びロは正しくない。
4．イ、ロ及びハすべて正しくない。

[問題85] □ □ □ □

次の文章のうち、「証券投資信託の運用手法」に関する記述として正しいものはどれか。正しい記述に該当するものをイ～ハから選んでいる選択肢の番号を1つマークしなさい。

イ．インデックス運用とは、東証株価指数などのベンチマークを上回る運用成果を目指す運用手法である。

ロ．ボトムアップ・アプローチとは、ベンチマークを上回る収益の源泉をマクロ経済に対する調査・分析結果に求め、ポートフォリオを組成していく手法である。

ハ．バリュー株運用とは、企業の成長性を重視してポートフォリオを組成する運用手法である。

1．正しいのはイのみであり、ロ及びハは正しくない。
2．正しいのはロのみであり、イ及びハは正しくない。
3．正しいのはハのみであり、イ及びロは正しくない。
4．イ、ロ及びハすべて正しくない。

解答

[問題84]　3　　　　　　　　　　　　　　　　㋜118〜120

イ．✕　受託会社の業務である。

ロ．✕　投資信託委託会社の業務である。なお、ディスクロージャーの顧客
への交付は、販売会社の業務である。

ハ．〇

[問題85]　4　　　　　　　　　　　　　　　　㋜121〜122

イ．✕　インデックス運用とは、パッシブ運用ともいい、ベンチマークにで
きるだけ近い運用成果を目指す運用手法である。問題文は、アク
ティブ運用の記述である。

ロ．✕　ボトムアップ・アプローチとは、個別企業に対する調査・分析結果
の積み重ねでポートフォリオを組成するものである。問題文は、
トップダウン・アプローチの記述である。

ハ．✕　バリュー株運用は、割安と判断される銘柄を中心にポートフォリオ
を組成する。問題文は、グロース株運用の記述である。

[問題86] □ □ □ □

ある個人が、以下の追加型株式投資信託の分配金を受け取る場合の元本払戻金（特別分配金）はいくらか。正しいものの番号を1つマークしなさい。

分配落前の基準価額：9,800円
個別元本　　　　：9,500円
分配金　　　　　：　700円

1．0円　　　2．300円　　　3．400円　　　4．700円

[問題87] □ □ □ □

ある個人が、以下の追加型株式投資信託の分配金を受け取る場合の普通分配金はいくらか。正しいものの番号を1つマークしなさい。

分配落前の基準価額：10,500円
個別元本　　　　：9,800円
分配金　　　　　：1,000円

1．　0円　　　2．　300円　　　3．　700円　　　4．1,000円

[問題88] □ □ □ □

NISAの記述として正しいものはどれか。正しい記述に該当するものをイ～ハから選んでいる選択肢の番号を1つマークしなさい。

イ．NISAの年間投資枠は、成長投資枠120万円、つみたて投資枠240万円である。
ロ．NISAの非課税口座で発生した譲渡損失はなかったものとされ、他の口座の配当等や譲渡益との損益通算はできない。
ハ．NISAの非課税保有限度額は1,800万円で、うち成長投資枠は1,200万円である。

1．正しいのはイ及びロであり、ハは正しくない。
2．正しいのはイ及びハであり、ロは正しくない。
3．正しいのはロ及びハであり、イは正しくない。
4．イ、ロ及びハすべて正しい。

解答

[問題86]　3　　　　　　　　　　　　　　　　　　テ136〜137

分配落後の基準価額＝分配落前の基準価額－収益分配金

　　　　　　　　＝9,800円－700円＝9,100円

「個別元本＞分配落後の基準価額」なので、

「個別元本－分配落後の基準価額」が元本払戻金（特別分配金）となる。

元本払戻金（特別分配金）＝9,500円－9,100円＝<u>400円</u>

[問題87]　3　　　　　　　　　　　　　　　　　　テ136〜137

分配落後の基準価額＝分配落前の基準価額－収益分配金

　　　　　　　　＝10,500円－1,000円＝9,500円

「個別元本＞分配落後の基準価額」なので、

「個別元本－分配落後の基準価額」が元本払戻金（特別分配金）となる。

元本払戻金（特別分配金）＝9,800円－9,500円＝300円

普通分配金＝1,000円－300円＝<u>700円</u>

[問題88]　3　　　　　　　　　　　　　　　　　　テ140

イ．✕　<u>成長投資枠240万円</u>、<u>つみたて投資枠120万円</u>である。

ロ．◯

ハ．◯

5・投信業務

【問題89】 ☐ ☐ ☐ ☐

次の文章について、投資信託委託会社が作成する交付運用報告書の記載項目として正しいものはどれか。正しい記述に該当するものをイ～ハから選んでいる選択肢の番号を1つマークしなさい。

イ．投資信託財産の運用方針
ロ．計算期間中における資産の運用の経過
ハ．運用状況の推移

1．正しいのはイ及びロであり、ハは正しくない。
2．正しいのはイ及びハであり、ロは正しくない。
3．正しいのはロ及びハであり、イは正しくない。
4．イ、ロ及びハすべて正しい。

【問題90】 ☐ ☐ ☐ ☐

次の文章について、正しいものはどれか。正しい記述に該当するものをイ～ハから選んでいる選択肢の番号を1つマークしなさい。

イ．投資法人は、設立については届出制を採用しているが、業務については登録制を採用している。
ロ．投資法人の成立時の出資総額は、設立の際に発行する投資口の払込金額の総額であり、その最低額は特に定めがない。
ハ．投資法人の執行役員は投資主総会で選任されるが、最低3名となっている。

1．正しいのはイのみであり、ロ及びハは正しくない。
2．正しいのはロのみであり、イ及びハは正しくない。
3．正しいのはハのみであり、イ及びロは正しくない。
4．イ、ロ及びハすべて正しくない。

解答

[問題89] 4 〒143

- イ. ○
- ロ. ○
- ハ. ○

[問題90] 1 〒145〜146

- イ. ○
- ロ. ✕ 　1億円以上と定められている。
- ハ. ✕ 　執行役員の数は、1人又は2人以上とされている。

6 セールス業務

○×問題 以下について、正しければ○を、正しくなければ×をつけなさい。

[問題1] ☐ ☐ ☐ ☐
　外務員は、顧客のニーズに合った商品を選定し、顧客の納得のうえで実際に購入してもらう必要がある。

[問題2] ☐ ☐ ☐ ☐
　外務員は常に金融商品取引業者等の業務に携わるプロフェッショナルとして、その責務の面からも高い法令遵守意識や、職業倫理と自己規律を身に付けて業務に当たっていくという姿勢が求められる。

[問題3] ☐ ☐ ☐ ☐
　外務員はプロフェッショナルとしてリスクや不正の除去のために積極的に行動する姿勢が強く求められる。

[問題4] ☐ ☐ ☐ ☐
　外務員は、自社の利益のため法令、諸規則に違反する可能性があっても、確実に違反でなければ積極的に行動すべきである。

[問題5] ☐ ☐ ☐ ☐
　倫理感覚を養うには、第三者の目線を意識することも重要である。

[問題6] ☐ ☐ ☐ ☐
　インサイダー取引、相場操縦などの行為を行った場合には、刑事訴追をされたうえ、厳しい刑事罰が科される。

[問題7] ☐ ☐ ☐ ☐
　外務員は、法令等違反についてはすぐには報告せず、大事に至りそうな場合は、上司や法務部等の専門部署に報告する。

[問題8] ☐ ☐ ☐ ☐
　外務員は、投資者の信頼と期待に応えられるよう、高い倫理観をもって営業活動に当たらなければならない。

解答

[問題1] ○ 〒152

[問題2] ○ 〒153

[問題3] ○ 〒153

[問題4] × 〒153
　外務員は、法令を遵守し、<u>たとえルールがなくても不適切な行為をしない</u>という姿勢が必要である。

[問題5] ○ 〒153

[問題6] ○ 〒153

[問題7] × 〒153
　外務員は、法令等違反について発覚した場合には、<u>しかるべき部署や機関に速やかに報告を行う</u>。さらに大きな事故に結び付く危険があることを心得なければならない。

[問題8] ○ 〒154

[問題9] ☐ ☐ ☐ ☐

投資家がその投資方針や投資目的に照らして、不適切な投資を行おうとした場合に、再考するように促した。

[問題10] ☐ ☐ ☐ ☐

投資の最終決定は顧客の判断と責任に基づいて行われるべきこととされているので、顧客がその投資目的や資金量にふさわしくない投資を行おうとする場合でも、外務員はアドバイスする必要はない。

[問題11] ☐ ☐ ☐ ☐

外務員は、顧客と金融商品取引口座の開設を行う際に、あらかじめ反社会的勢力でない旨の確約を受けなければならない。

[問題12] ☐ ☐ ☐ ☐

高齢顧客に投資勧誘を行う場合には、適合性の原則に基づいて、より慎重な対応を行わなければならない。

[問題13] ☐ ☐ ☐ ☐

顧客への情報提供については、虚偽のない情報を提供し、誤解を生じさせないような公正な資料を提供しなければならない。

[問題14] ☐ ☐ ☐ ☐

有価証券等の価格の騰落について「利回り8％は固いです」などの断定的判断の提供は禁止されている。

[問題15] ☐ ☐ ☐ ☐

外務員は、事務ミスをしてしまった際には、担当者限りで顧客に追認を求めることが必要である。

[問題16] ☐ ☐ ☐ ☐

新興国通貨建債券は、相対的に金利が高い傾向にあるが、円と外貨を交換する際のスプレッドが大きく、円貨での償還金額等が目減りすることがある。

[問題17] ☐ ☐ ☐ ☐

IOSCOの行為規範原則において、「業者は、その業務に当たっては、その業者の最大の利益及び市場の健全性を図るべく、誠実かつ公正に行動しなければならない。」とされている。

解答

[問題9] ○　　　　　　　　　　　　　　　　　　　　　　　テ154
　投資者の投資目的・資金量に配慮した投資アドバイスが求められる。

[問題10] ×　　　　　　　　　　　　　　　　　　　　　　　テ154
　外務員は、顧客がその投資目的や資金量にふさわしくない投資を行おうとする場合には、<u>再考を促すよう適切なアドバイスをする必要がある</u>。

[問題11] ○　　　　　　　　　　　　　　　　　　　　　　　テ155

[問題12] ○　　　　　　　　　　　　　　　　　　　　　　　テ155

[問題13] ○　　　　　　　　　　　　　　　　　　　　　　　テ155

[問題14] ○　　　　　　　　　　　　　　　　　　　　　　　テ155

[問題15] ×　　　　　　　　　　　　　　　　　　　　　　　テ156
　事務ミスをしてしまった際にはまず、<u>内部管理責任者へ報告し指示を仰ぐ</u>。そのうえで、<u>顧客に対して真摯な対応を行う</u>。<u>くれぐれも事実を隠したり、担当者限りで顧客に追認を求めたりしない</u>。

[問題16] ○　　　　　　　　　　　　　　　　　　　　　　　テ157

[問題17] ×　　　　　　　　　　　　　　　　　　　　　　　テ158
　業者は、その業務に当たっては、<u>顧客の最大の利益及び市場の健全性を図る</u>べく、誠実かつ公正に行動しなければならない（誠実・公正）。

[問題18] ☐ ☐ ☐ ☐

「IOSCOの行為規範原則」では、「業者は、その業務の適切な遂行のために必要な人材を雇用し、手続きを整備しなければならない」とされている。

[問題19] ☐ ☐ ☐ ☐

「IOSCOの行為規範原則」では、「業者は、サービスの提供に当たっては、顧客の資産状況、投資経験及び投資目的を把握するよう努めなければならない」とされている。

[問題20] ☐ ☐ ☐ ☐

「IOSCOの行為規範原則」では、「業者は、顧客との取引に当たっては、当該取引に関する具体的な情報を十分に開示しなければならない」とされている。

[問題21] ☐ ☐ ☐ ☐

「IOSCO行為規範原則」では、「業者は、利益相反を回避すべく努力しなければならない。利益相反を回避できないおそれがある場合においては、取引を停止しなければならない」とされている。

[問題22] ☐ ☐ ☐ ☐

金融機関等が「顧客本位の業務運営に関する原則」を採択する場合には、顧客本位の業務運営を実現するための明確な方針を策定し、当該方針に基づいて業務運営を行うことが求められている。

[問題23] ☐ ☐ ☐ ☐

金融事業者が「顧客本位の業務運営に関する原則」を実施しない場合は、別段対応の必要はない。

[問題24] ☐ ☐ ☐ ☐

金融事業者は、高度の専門性と職業倫理を保持し、顧客に対して誠実・公正に業務を行い、顧客の最善の利益を追求すべきである。

[問題25] ☐ ☐ ☐ ☐

金融庁の「顧客本位の業務運営に関する原則」では、「重要な情報の分かりやすい提供」が求められている。

解答

[問題18] ○ 〒158
問題文は、IOSCOの行為規範原則の「能力」の記述である。

[問題19] ○ 〒158
問題文は、IOSCOの行為規範原則の「顧客に関する情報」の記述である。

[問題20] ○ 〒158
問題文は、IOSCOの行為規範原則の「顧客に対する情報開示」の記述である。

[問題21] × 〒158
業者は、利益相反を回避すべく努力しなければならない。利益相反を回避できないおそれがある場合においても、<u>全ての顧客の公平な取扱いを確保しなければならない</u>（利益相反）。

[問題22] ○ 〒159

[問題23] × 〒159
金融事業者が「顧客本位の業務運営に関する原則」を実施しない場合は、<u>それを実施しない理由や代替案を十分に説明すること</u>が求められる。

[問題24] ○ 〒159
問題文は、顧客本位の業務運営に関する原則の「顧客の最善の利益の追求」の記述である。

[問題25] ○ 〒160

7 債券業務

○×問題 以下について、正しければ○を、正しくなければ×をつけなさい。

[問題1] □ □ □ □
　債券とは、国をはじめ、地方公共団体、政府関係機関、事業会社及び金融機関などが、広く一般の投資者から一時に大量の資金を調達し、その見返りとして、元本の返済や利子の支払いなどの条件を明確にするために発行する証書である。

[問題2] □ □ □ □
　債券は、日常の貸借関係に例えれば、預金証書に相当する。

[問題3] □ □ □ □
　債券の発行体にとって、資金調達手段としては、新株発行の増資と同様だが、増資はその資金を半永久的に使用できるのに対し、債券は期限到来による返済義務がある。

[問題4] □ □ □ □
　債券の投資対象を選ぶ場合は、収益性、安全性、換金性の3つの面から十分検討する必要がある。

[問題5] □ □ □ □
　債券は、一般に預貯金に比較して利回りが低く設定されている。

[問題6] □ □ □ □
　債券は、発行体にデフォルトが発生した場合、預金保険機構により元利金が保証される。

[問題7] □ □ □ □
　債券の途中換金は、時々刻々変動する市場相場によるのが原則である。

[問題8] □ □ □ □
　長期国債は、発行・流通市場の双方において、わが国の債券市場の中心的銘柄であり、その発行条件や流通利回りは、他の年限の国債、その他の国内債の指標となっている。

解答

[問題1] ○ 〒164

[問題2] ✕ 〒164
　債券の発行を日常の貸借関係に例えれば、その発行者は債務者であり、債券を保有する投資者は債権者、債券は<u>借用証書に相当</u>する。

[問題3] ○ 〒164

[問題4] ○ 〒164

[問題5] ✕ 〒164
　債券は、一般に預貯金に比べ利回りが<u>高い</u>。

[問題6] ✕ 〒164
　債券は、預金ではないので<u>預金保険の対象ではなく、元利金の返済が不能になることがある</u>。

[問題7] ○ 〒164
　債券市場の上昇により元本を上回ること（売却益）もあれば、下落により元本を割り込むこと（売却損）もある。

[問題8] ○ 〒165
　なお、長期国債とは、10年利付国債のことである。

[問題9] □ □ □ □

10年満期の長期国債は、原則として価格競争入札による公募入札方式により発行されるが、引受シンジケート団による引受けも行われる。

[問題10] □ □ □ □

一般に期間2年の国債は、中期国債に分類される。

[問題11] □ □ □ □

国庫短期証券は、国債の償還の平準化を図り円滑な借換えを実現すること、及び国の一般会計や種々の特別会計の一時的な資金不足を補うために発行される。

[問題12] □ □ □ □

国庫短期証券は、その販売先が法人に限定される。

[問題13] □ □ □ □

物価連動国債は、物価の動向に連動して利率が変動する国債である。

[問題14] □ □ □ □

物価連動国債は、適格機関投資家などの法人保有に限定されている。

[問題15] □ □ □ □

物価連動国債は、償還時の元本保証（フロア）が設定されている。

[問題16] □ □ □ □

GX経済移行債は、GX投資を官民協調で実現していくために創設された国債で、カーボンプライシング導入の結果として得られる将来の財源を裏付けとして発行されている。

[問題17] □ □ □ □

新型窓口販売方式国債（新窓販国債）は、最低額面単位1万円から購入できる。

[問題18] □ □ □ □

新型窓口販売方式国債（新窓販国債）は、2年、5年、10年満期の変動金利方式で、年4回募集される。

解答

[問題9] ✕   テ165、174

　長期国債は、価格競争入札による公募入札方式のほか、非競争入札、非価格競争入札も行われるが、<u>引受シンジケート団</u>による<u>引受けは廃止</u>されている。

[問題10] ◯   テ165

　なお、期間5年の国債も中期国債に分類される。

[問題11] ◯   テ166

　なお、国庫短期証券は、償還期限が1年以内（2ヵ月、3ヵ月、6ヵ月、1年）で、割引方式で発行される。

[問題12] ✕   テ166

　<u>個人の保有も可能</u>である。

[問題13] ✕   テ166

　物価連動国債は、<u>元金額が物価の動向に連動して増減する</u>（増減後の元金額を「想定元金額」という）。利率が年2回の利払日ごとに市場実勢に応じて変化する国債は、変動利付国債である。

[問題14] ✕   テ166

　<u>個人の保有も認められている</u>。

[問題15] ◯   テ166

　物価連動国債は、償還時の元本保証（フロア）が設定されているため、償還時の連動係数が1を下回る場合でも、額面金額で償還される。

[問題16] ◯   テ166

　なお、GX経済移行債は、脱炭素成長型経済構造移行債のことである。

[問題17] ✕   テ166

　新型窓口販売方式国債（新窓販国債）は、長期国債と同様に<u>最低5万円から5万円単位</u>で購入できる。

[問題18] ✕   テ166

　新型窓口販売方式国債（新窓販国債）は、2年、5年、10年満期の<u>固定金利方式</u>で、毎月募集される。

7・債券業務

[問題19] ☐ ☐ ☐ ☐

　個人向け国債は、原則として個人が購入するが、いわゆる非課税法人と呼ばれる公益法人も購入することができる。

[問題20] ☐ ☐ ☐ ☐

　個人向け国債には、3年満期、5年満期、10年満期があるが、いずれも固定金利である。

[問題21] ☐ ☐ ☐ ☐

　現在、新規発行される個人向け国債変動10年の金利水準は、「基準金利－0.80%」である。

[問題22] ☐ ☐ ☐ ☐

　個人向け国債の金利の下限は、0.05%に設定されている。

[問題23] ☐ ☐ ☐ ☐

　個人向け国債は、いずれも、発行から1年経過後であれば、いつでも中途換金ができる。

[問題24] ☐ ☐ ☐ ☐

　個人向け国債を換金する時は、国が額面で買取るが中途換金調整額が控除される。

[問題25] ☐ ☐ ☐ ☐

　個人向け国債は、いずれも年4回の発行である。

[問題26] ☐ ☐ ☐ ☐

　財政法に基づき発行される国債は、借換国債と呼ばれる。

[問題27] ☐ ☐ ☐ ☐

　国債は、その発行根拠法により分類することができるが、特別会計に関する法律に基づき発行されるものは特例国債と呼ばれる。

[問題28] ☐ ☐ ☐ ☐

　国内債のうち、ストリップス国債は、利付国債の元本部分と利子部分を証券会社などが分離して販売することができるが、個人投資家は購入できず、機関投資家など法人が主な購入者となる。

解答

[問題19] ×   〒167

個人向け国債は、その名称のとおり購入者を個人に限定する国債である。

[問題20] ×   〒167

個人向け国債「変動10年」は変動金利、個人向け国債「固定５年」、「固定３年」は固定金利である。金利形態は異なるが、いずれも年２回の利払いがある。

[問題21] ×   〒167

「基準金利×0.66」の掛け算方式である。

[問題22] ○   〒167

[問題23] ○   〒167

[問題24] ○   〒167

なお、中途換金調整額は、「直前２回分の税引前利子相当額×0.79685」である。

[問題25] ×   〒167

個人向け国債は、固定３年、固定５年、変動10年ともに毎月発行される。

[問題26] ×   〒167

財政法に基づき発行される国債は、建設国債である。

[問題27] ×   〒167

特別会計に関する法律に基づき発行されるのは、借換国債及び財政投融資特別会計国債（財投債）である。特例国債（赤字国債）は、単年度立法の特例公債法により発行される。

[問題28] ×   〒168

ストリップス国債は、機関投資家などの法人だけでなく、個人投資家も購入することができる。

[問題29] ☐ ☐ ☐ ☐

地方債とは、都道府県や市町村などの地方公共団体の発行する債券で、国債と合わせて公債ともいう。

[問題30] ☐ ☐ ☐ ☐

全国型市場公募地方債は、地方債のなかで知名度が高く、保有者も広範であるため、流動性に優れている。

[問題31] ☐ ☐ ☐ ☐

全国型市場公募地方債を発行できる団体は、すべての都道府県と一部の政令指定都市である。

[問題32] ☐ ☐ ☐ ☐

銀行等引受地方債を発行できる団体は、一部の都道府県とすべての政令指定都市である。

[問題33] ☐ ☐ ☐ ☐

政府関係機関債（特別債）のうち、元利払いについて政府の保証付きで発行されるものを、「財投機関債」という。

[問題34] ☐ ☐ ☐ ☐

国内で発行されるコマーシャル・ペーパー（国内CP）とは、優良企業が無担保で短期の資金調達を行うため、割引方式で発行する有価証券であり、約束手形の性格も有している。

[問題35] ☐ ☐ ☐ ☐

譲渡性預金証書（CD）とは、金融機関が発行する譲渡可能な預金証書のことで、自由金利商品である。

[問題36] ☐ ☐ ☐ ☐

額面金額に対する１年当たりの利子の割合を、利回りという。

[問題37] ☐ ☐ ☐ ☐

発行者利回りとは、利子と償還差益以外に引受手数料、受託手数料、元利払い手数料などの費用が、債券の発行によって調達した手取り資金総額に対してどれだけになっているかという比率のことである。

解答

[問題29] ○   テ168

[問題30] ○   テ168

[問題31] ×   テ168
　全国型市場公募地方債を発行できる団体は、<u>一部の都道府県とすべての政令指定都市</u>である。

[問題32] ×   テ168
　銀行等引受地方債は、<u>都道府県、政令指定都市だけではなく、市や区も発行できる</u>。

[問題33] ×   テ168
　政府関係機関債（特別債）のうち、元利払いについて政府の保証付きで発行されるのは、<u>政府保証債</u>である。

[問題34] ○   テ169

[問題35] ○   テ169
　なお、国内で発行されるCD（国内CD）は、金融商品取引法上の有価証券ではない。

[問題36] ×   テ171
　額面金額に対する1年当たりの利子の割合を、<u>利率（クーポン）</u>という。なお、利回りとは、投資元本に対する1年当たりの収益の割合をいう。

[問題37] ○   テ171
　なお、発行者利回りは、債券発行による資金調達コストを表している。

【問題38】 ☐ ☐ ☐ ☐

利回りと期間が同じ利付債券が数銘柄ある場合、利率の高い銘柄ほど単価は低く、利率の低い銘柄ほど単価は高い。

【問題39】 ☐ ☐ ☐ ☐

アンダーパーで購入した債券を償還まで保有していた場合、最終利回りは表面利率より低くなる。

【問題40】 ☐ ☐ ☐ ☐

債券は、発行時に償還期限が確定すると発行体の倒産等特段の事由がない限り、期間途中に償還されることはない。

【問題41】 ☐ ☐ ☐ ☐

アンダーパーで購入した債券において、償還時に発生する差益のことを償還差益、オーバーパーで購入して償還時に発生する差損のことを償還差損という。

【問題42】 ☐ ☐ ☐ ☐

社債管理者は、社債権者のために弁済を受ける等の業務を行うのに必要な一切の権限を有する会社であり、銀行、信託銀行等が社債管理者になることができる。

【問題43】 ☐ ☐ ☐ ☐

国債市場特別参加者とは、国債管理政策の策定及び遂行に協力する者であって、財務大臣が指定する国債市場に関する特別な責任及び資格を有する者である。

【問題44】 ☐ ☐ ☐ ☐

債券の取引には、取引所取引と店頭取引があるが、取引所取引による売買が大半を占める。

【問題45】 ☐ ☐ ☐ ☐

債券ブローカーとは、主として金融商品取引業者（証券会社）やディーリング業務を行う登録金融機関であり、流通市場における中心的な担い手である。

【問題46】 ☐ ☐ ☐ ☐

債券の店頭取引に当たっては、金融商品取引業者が自由に価格を決めることができるので、上場銘柄であっても市場価格と大きく乖離することがある。

解答

[問題38] ✕   テ171

　利回りと期間が同じ利付債券が数銘柄ある場合、<u>利率の高い銘柄ほど単価も高く、利率の低い銘柄ほど単価も低い</u>。

[問題39] ✕   テ171

　アンダーパーで購入した債券を償還まで保有すると、償還差益（キャピタルゲイン）が発生する。最終利回りは、その償還差益を期間按分し利子（インカムゲイン）に加算することとなるので、<u>表面利率を上回る</u>こととなる。

[問題40] ✕   テ172

　最終償還のほかに、<u>期中償還がある</u>。また、期中償還には定時償還、抽選償還及び任意償還がある。

[問題41] ○   テ172

[問題42] ○   テ173

　なお、担保付社債は、受託会社の設置が強制されるが、社債管理者が受託会社を兼務するのが一般的である。

[問題43] ○   テ174

　なお、国債市場特別参加者制度をプライマリーディーラー制度と呼ぶ。

[問題44] ✕   テ175

　債券の取引は、<u>店頭取引が中心</u>で、全売買量の99％以上を占める。

[問題45] ✕   テ175

　債券ブローカーとは、<u>債券ディーラー間の売買だけを専門に取り扱う金融商品取引業者（証券会社）のこと</u>である。問題文は、債券ディーラーについての記述である。

[問題46] ✕   テ175

　店頭取引に当たっては、<u>合理的な方法で算出された時価（社内時価）を基準として</u>、適正な価格により取引を行い、その取引の公正性を確保しなければならない。

7・債券業務

【問題47】 ☐ ☐ ☐ ☐

売買参考統計値は、公社債の店頭売買を行う投資者及び金融商品取引業者（証券会社等）の参考に資するため、日本証券業協会が指定する協会員の報告に基づき、毎週発表されている。

【問題48】 ☐ ☐ ☐ ☐

債券貸借取引には、担保の有無によって、「無担保債券貸借取引」「代用有価証券担保付債券貸借取引」「現金担保付債券貸借取引（貸借レポ取引）」の3種類の取引がある。

【問題49】 ☐ ☐ ☐ ☐

一般に円安は、国内債券相場にとってマイナス要因である。

【問題50】 ☐ ☐ ☐ ☐

一般に景気が上昇過程に入ると、債券価格は上昇する。

【問題51】 ☐ ☐ ☐ ☐

債券相場にとってデフレ（物価下落）はマイナス要因で、インフレ（物価上昇）はプラス要因である。

【問題52】 ☐ ☐ ☐ ☐

金融緩和政策は、一般に債券市況にとってプラス要因である。

【問題53】 ☐ ☐ ☐ ☐

公共債の窓販業務とは、新たに発行される国債等の公共債を金融機関の窓口で、不特定多数の投資者に対して募集の取扱いを行うこと又は販売することである。

【問題54】 ☐ ☐ ☐ ☐

はね返り玉の買取りとは、自社で窓口販売した公共債を償還期限前に購入者から買い取ることである。

解答

[問題47] ✕　　　　　　　　　　　　　　　　　　　　　　　　㊉98、176

　公社債店頭売買参考統計値は、日本証券業協会により<u>毎営業日</u>発表されている。なお、売買参考統計値とは、指定報告協会員から報告を受けた気配の「平均値」、「中央値」、「最高値」、「最低値」の4つの値をいう。

[問題48] ◯　　　　　　　　　　　　　　　　　　　　　　　　㊉176

[問題49] ◯　　　　　　　　　　　　　　　　　　　　　　　　㊉177

　円安になれば、物価の上昇懸念から日銀の金融引き締め策につながる可能性があり、利回り上昇、債券相場の下落につながるので、国内債券相場にとってマイナス要因である。

[問題50] ✕　　　　　　　　　　　　　　　　　　　　　　　　㊉177

　景気が上昇過程に入ると、コール、手形市場、CD（譲渡性預金）市場などの短期金利は上昇する。その結果、一般に債券の利回りは上昇し、<u>債券価格は下落</u>する。

[問題51] ✕　　　　　　　　　　　　　　　　　　　　　　　　㊉177

　債券相場にとって、<u>インフレ（物価上昇）はマイナス（下落）要因</u>で、<u>デフレ（物価下落）はプラス（上昇）要因</u>である。

[問題52] ◯　　　　　　　　　　　　　　　　　　　　　　　　㊉178

　金融緩和により、金利が低下すると、債券価格は上昇するのでプラス要因となる。

[問題53] ◯　　　　　　　　　　　　　　　　　　　　　　　　㊉179

[問題54] ◯　　　　　　　　　　　　　　　　　　　　　　　　㊉180

[問題55] ☐ ☐ ☐ ☐

登録金融機関は、顧客からはね返り玉の買取りの申し出があった場合は、顧客が購入した価格で買い取らなければならない。

[問題56] ☐ ☐ ☐ ☐

個人向け国債は、はね返り玉の買取りの対象となる。

[問題57] ☐ ☐ ☐ ☐

債券の入替売買とは、同一の投資者がある銘柄を売るとともに別の銘柄を買うというように、同時に売り買いを約定する売買手法である。

[問題58] ☐ ☐ ☐ ☐

ラダー型ポートフォリオは、流動性確保のための短期債と、収益性追求のための長期債のみを保有するポートフォリオをいう。

[問題59] ☐ ☐ ☐ ☐

債券の現先取引とは、現物価格と先物価格との間で行う裁定取引のことをいう。

[問題60] ☐ ☐ ☐ ☐

現先取引の対象顧客は、上場会社又はこれに準ずる法人、及び経済的、社会的に信用のある個人に限定される。

[問題61] ☐ ☐ ☐ ☐

現先取引の対象となる債券は、国債、地方債、外貨建債のほか、新株予約権付社債も含まれる。

[問題62] ☐ ☐ ☐ ☐

着地取引の対象となる債券に、新株予約権付社債は含まれない。

解答

[問題55] ✕   〒180

　買取価格は、<u>登録金融機関の社内時価を基準とした適正な価格</u>でなければならない。そのため債券市場の動向によっては、<u>売却価格が購入時の価格を下回る</u>こともある。

[問題56] ✕   〒180

　個人向け国債は、国が額面で買い取るため、<u>はね返り玉の買取りの対象とならない</u>。

[問題57] ◯   〒182

[問題58] ✕   〒182

　ラダー型ポートフォリオは、<u>短期から長期までの債券を各年度ごとに均等に保有し、毎期、同じ満期構成を維持するポートフォリオ</u>をいう。問題文は、ダンベル型（バーベル型）ポートフォリオについての記述である。

[問題59] ✕   〒182〜183

　債券の現先取引とは、<u>同種、同量の債券等を、所定期日に、所定の価額で反対売買することをあらかじめ取り決めて行う取引</u>のことをいう。問題文は、ベーシス取引の記述である。

[問題60] ✕   〒183

　現先取引の対象顧客は、上場会社又はこれに準ずる法人であって、経済的、社会的に信用のあるものに限る。<u>個人は対象外</u>である。

[問題61] ✕   〒183

　国債、地方債、外貨建債は含まれるが、<u>新株予約権付社債は対象外</u>である。

[問題62] ◯   〒183

　なお、着地取引とは、将来の一定の時期に一定の条件で債券を受渡しすることをあらかじめ決めて行う取引で、約定日から１ヵ月以上先に受渡しをする場合をいう。約定日から受渡日までの期間（着地期間）は６ヵ月を超えてはならないこととなっている。ただし、当該着地取引の顧客が適格機関投資家であることなど、一定の事項をすべて満たす場合は、着地期間を３年までとすることができる。

7・債券業務

[問題63] ☐ ☐ ☐ ☐

選択権付債券売買取引（債券店頭オプション取引）の取引期間（行使期間）は、一定の期間内であれば、オプションの権利行使が可能な行使期間は個別の取引ごとに取引当事者間の取り決めで自由に設定できる。

[問題64] ☐ ☐ ☐ ☐

選択権付債券売買取引（債券店頭オプション取引）の売買単位は、売買対象債券である債券の額面1億円、外貨建債券の場合は、1億ドルが最低売買額面金額となっている。

[問題65] ☐ ☐ ☐ ☐

選択権付債券売買取引（債券店頭オプション取引）の権利行使価格は、あらかじめ決められた価格で設定される。

[問題66] ☐ ☐ ☐ ☐

選択権付債券売買取引（債券店頭オプション取引）の権利行使の方法は、オプションの保有者（買方）が権利行使する場合には、付与者（売方）に対して対象となっている債券の受渡日を通知することで行う。

[問題67] ☐ ☐ ☐ ☐

選択権付債券売買取引（債券店頭オプション取引）において、権利行使期間内に権利行使がなされなかった場合には、オプションは失効（権利は消滅）する。

[問題68] ☐ ☐ ☐ ☐

選択権付債券売買取引（債券店頭オプション取引）では、転売ができる。

[問題69] ☐ ☐ ☐ ☐

投資者が最終償還日まで新規発行債券を保有したときの年利と1年当たりの償還差損益の合計に対する投資元本の割合を、最終利回りという。

[問題70] ☐ ☐ ☐ ☐

最終利回りは、$\dfrac{利率+\dfrac{売却価格-購入価格}{所有期間（年）}}{購入価格}\times 100$（％）で求められる。

解答

[問題63] ○ 〒184

なお、一定の期間内とは、1年3ヵ月以内である。

[問題64] × 〒184

選択権付債券売買取引（債券店頭オプション取引）の売買単位は、売買対象債券である債券の額面1億円、外貨建債券の場合は、<u>1億円相当額</u>が最低売買額面金額となっている。

[問題65] × 〒184

選択権付債券売買取引（債券店頭オプション取引）の権利行使価格は、個別取引ごとに、<u>当事者間で自由に設定できる</u>。

[問題66] ○ 〒184

[問題67] ○ 〒184

[問題68] × 〒184

選択権付債券売買取引（債券店頭オプション取引）では、<u>転売が許されず</u>、権利行使以前のオプション契約の残を流動化するには<u>相殺</u>する必要がある。また、差金決済は禁止されている。

[問題69] × 〒185

最終利回りとは、<u>既発行の債券を購入した後、最終償還日まで所有することを前提とした場合の利回り</u>をいう。問題文は、応募者利回りの記述である。

[問題70] × 〒185～186

最終利回りは、$\dfrac{利率+\dfrac{償還価格-購入価格}{残存期間（年）}}{購入価格} \times 100（\%）$ で求められる。

問題文は、所有期間利回りの公式である。

【問題71】 □ □ □ □

直接利回りは、債券の投資元本に対する年間の利子収入の割合を表わす収益率の指標である。

【問題72】 □ □ □ □

既発の利付債を売買する場合には、直前利払日の翌日から受渡日までの経過日数に応じて、売方から買方に経過利子が支払われる。

【問題73】 □ □ □ □

直近利払日が9月30日の利付債券を、10月2日に売却し10月9日に受渡しを行った場合の経過日数は9日である。

【問題74】 □ □ □ □

居住者が国内で支払いを受ける特定公社債等の利子は、税率20.315%（所得税15%、復興特別所得税0.315%及び住民税5%）の源泉分離課税の対象である。

【問題75】 □ □ □ □

特定公社債等の利子による所得は、確定申告不要制度を選択できない。

【問題76】 □ □ □ □

特定公社債等は、特定口座に預け入れることができる。

【問題77】 □ □ □ □

利付公社債（新株予約権付社債等は除く）の譲渡（売却）による所得は、非課税とされる。

【問題78】 □ □ □ □

利付債券の償還差益は、雑所得として総合課税の対象となる。

解答

[問題71] ○　　　　　　　　　　　　　　　　　　　　　　　　〒188

なお、直接利回りは次の式で求められる。

$$直接利回り＝\frac{利率}{購入価格}×100（\%）$$

[問題72] ×　　　　　　　　　　　　　　　　　　　　　　〒190〜191

既発つまり既に発行されている利付債を売買する場合には、直前利払日の翌日から受渡日までの期間に応じて、買方から売方に経過利子（経過利息ともいう）が支払われる。

[問題73] ○　　　　　　　　　　　　　　　　　　　　　　〒190〜191

なお、直前の利払日（9月30日）の翌日（10月1日）から受渡日（10月9日）までの経過日数は9日である。

[問題74] ×　　　　　　　　　　　　　　　　　　　　　　　　〒193

特定公社債等の利子は、源泉分離課税の対象ではなく、申告分離課税の対象である。

[問題75] ×　　　　　　　　　　　　　　　　　　　　　　　　〒193

特定公社債等の利子による所得は源泉徴収されることにより、確定申告不要制度を選択できる。

[問題76] ○　　　　　　　　　　　　　　　　　　　　　　　　〒193

[問題77] ×　　　　　　　　　　　　　　　　　　　　　　　　〒193

利付公社債（新株予約権付社債等は除く）の譲渡による所得は、20.315%（所得税15%、復興特別所得税0.315%、住民税5%）の税率による申告分離課税の譲渡所得となる。

[問題78] ×　　　　　　　　　　　　　　　　　　　　　　　　〒193

譲渡所得として申告分離課税の対象となる。なお、税率は、20.315%（所得税15%、復興特別所得税0.315%、住民税5%）である。

問題

選択問題

[問題79] □ □ □ □

次の文章のうち、「国債」に関する記述として正しいものはどれか。正しい記述に該当するものをイ～ハから選んでいる選択肢の番号を１つマークしなさい。

イ．長期国債（10年利付国債）の発行条件や流通利回りは、他の年限の国債、その他の国内債を指標にして決定されている。

ロ．個人向け国債の中途換金については、変動金利型10年は発行から２年、固定金利型５年は発行から１年を経過すれば、いつでも可能である。

ハ．特例国債は、税収及び税外収入等に加え、建設国債を発行してもなお歳入不足が見込まれる場合に、公共事業費等以外の歳出に充てる資金を調達することを目的として、単年度立法による特例公債法に基づいて発行される国債であり、赤字国債ともいわれる。

1．正しいのはイのみであり、ロ及びハは正しくない。
2．正しいのはロのみであり、イ及びハは正しくない。
3．正しいのはハのみであり、イ及びロは正しくない。
4．イ、ロ及びハすべて正しくない。

[問題80] □ □ □ □

次の文章のうち、「個人向け国債」に関する記述として正しいものはどれか。正しい記述に該当するものをイ～ハから選んでいる選択肢の番号を１つマークしなさい。

イ．個人向け国債「固定５年」は、原則として発行後２年間は換金することができない。

ロ．個人向け国債「変動10年」は、購入者を個人に限定する国債で、期間10年、購入単位を１万円とし、利率については半年ごとに見直される変動金利である。

ハ．個人向け国債の「固定３年」は毎月発行であるが、「変動10年」及び「固定５年」は年４回の発行である。

1．正しいのはイのみであり、ロ及びハは正しくない。
2．正しいのはロのみであり、イ及びハは正しくない。
3．正しいのはハのみであり、イ及びロは正しくない。
4．イ、ロ及びハすべて正しくない。

解答

[問題79]　3　　　　　　　　　　　　　　　　　　　テ165、167

- イ．✕　長期国債（10年利付国債）は、発行・流通市場の双方において、わ
  が国の債券市場の中心的銘柄であり、長期国債の発行条件や流通利
  回りは、<u>他の年限の国債、その他の国内債の指標</u>となっている。
- ロ．✕　個人向け国債の中途換金については、<u>いずれも発行から1年経過後</u>
  であればいつでも可能である。
- ハ．○

[問題80]　2　　　　　　　　　　　　　　　　　　　テ167

- イ．✕　個人向け国債の中途換金は、<u>いずれも1年経過後</u>からである。
- ロ．○
- ハ．✕　個人向け国債は、<u>いずれも毎月発行</u>される。

[問題81] □ □ □ □

次の文章のうち、正しいものはどれか。正しい記述に該当するものをイ～ハから選んでいる選択肢の番号を１つマークしなさい。

イ．日本証券業協会は、公社債の店頭売買を行う投資者及び金融商品取引業者等の参考に資するため、日本証券業協会が指定する協会員からの報告に基づき、毎週、売買参考統計値を発表している。

ロ．売買参考統計値とは、指定報告協会員から報告を受けた気配の「平均値」、「中央値」、「最高値」、「最低値」の４つの値をいう。

ハ．はね返り玉の買取の対象となるのは、自社で窓口販売した公共債であり、買取価格は、購入時の価格となる。

1．正しいのはイのみであり、ロ及びハは正しくない。
2．正しいのはロのみであり、イ及びハは正しくない。
3．正しいのはハのみであり、イ及びロは正しくない。
4．イ、ロ及びハすべて正しくない。

[問題82] □ □ □ □

次の文章のうち、登録金融機関が行う「債券の取引手法」に関する記述として正しいものはどれか。正しい記述に該当するものをイ～ハから選んでいる選択肢の番号を１つマークしなさい。

イ．現先取引には、委託現先と自己現先の２種類がある。

ロ．債券貸借取引は、担保の有無によって、「無担保債券貸借取引」「代用有価証券担保付債券貸借取引」「現金担保付債券貸借取引」の３種類がある。

ハ．現先取引ができる債券に新株予約権付社債も含まれる。

1．正しいのはイ及びロであり、ハは正しくない。
2．正しいのはイ及びハであり、ロは正しくない。
3．正しいのはロ及びハであり、イは正しくない。
4．イ、ロ及びハすべて正しい。

解答

[問題81]　2　　　　　　　　　　　　　　　テ98、176、180

イ．✕　売買参考統計値は、<u>毎営業日</u>発表される。

ロ．○

ハ．✕　買取価格は、登録金融機関の<u>「社内時価」</u>を基準とした<u>適正</u>な価格でなければならない。

[問題82]　1　　　　　　　　　　　　　　　テ176、183

イ．○

ロ．○　なお、現金担保付債券貸借取引を貸借レポ取引という。

ハ．✕　<u>新株予約権付社債は含まれない。</u>

【問題83】 ☐ ☐ ☐ ☐

次の文章のうち、「着地取引」に関する記述として正しいものはどれか。正しい記述に該当するものをイ〜ハから選んでいる選択肢の番号を１つマークしなさい。

　イ．売買に際し同種、同量の債券等を、所定期日に、所定の価額で反対売買することをあらかじめ取り決めて行う債券等の売買である。
　ロ．対象となる債券には円建外債や外貨建債券は含まれない。
　ハ．対象顧客は、上場会社又はこれに準ずる法人であって、経済的、社会的に信用のあるものに限られる。

　１．正しいのはイのみであり、ロ及びハは正しくない。
　２．正しいのはロのみであり、イ及びハは正しくない。
　３．正しいのはハのみであり、イ及びロは正しくない。
　４．イ、ロ及びハすべて正しくない。

【問題84】 ☐ ☐ ☐ ☐

発行価格104円、利率年1.2％、残存期間６年、購入価格103円の10年満期の利付債券の最終利回りとして正しいものはどれか。正しいものの番号を１つマークしなさい。

（注）　答えは、小数第４位以下を切り捨ててある。

　１．0.679％　　　２．0.873％　　　３．0.993％　　　４．1.456％

【問題85】 ☐ ☐ ☐ ☐

次の計算式は、債券の応募者利回りを算出する算式である。算式の（　　）に当てはまる語句の組合せとして正しいものはどれか。正しいものの番号を１つマークしなさい。

$$応募者利回り = \frac{利率 + \dfrac{(イ) - (ロ)}{(ハ)}}{(ニ)} \times 100 \ (\%)$$

　１．イは発行価格、ロは償還価格、ハは発行価格、ニは償還期限
　２．イは償還価格、ロは発行価格、ハは償還期限、ニは償還価格
　３．イは発行価格、ロは償還価格、ハは償還期限、ニは償還価格
　４．イは償還価格、ロは発行価格、ハは償還期限、ニは発行価格

解答

[問題83]　3　〒182〜183

イ．✕　着地取引とは、<u>将来の一定の時期に、一定の条件で債券を受渡すること</u>をあらかじめ取り決めて行う取引で、約定日から1ヵ月以上先に受渡しする場合をいう。問題文は、現先取引の記述である。

ロ．✕　着地取引の取引対象となる債券に円建外債、<u>外貨建債券も含まれる</u>。なお、新株予約権付社債は除かれる。

ハ．○

[問題84]　1　〒186

$$最終利回り＝\frac{利率＋\dfrac{償還価格－購入価格}{残存期間（年）}}{購入価格}×100（\%）$$

$$＝\frac{1.2＋\dfrac{100－103}{6}}{103}×100≒\underline{0.679\%}$$

[問題85]　4　〒186

$$応募者利回り＝\frac{利率＋\dfrac{イ.\ 償還価格－ロ.\ 発行価格}{ハ.\ 償還期限}}{ニ.\ 発行価格}×100（\%）$$

【問題86】 ☐ ☐ ☐ ☐

利率年2.0%、10年満期の利付国債を104円で買い付け、6年後に105円に値上がりしたので売却した。所有期間利回りとして正しいものはどれか。正しいものの番号を1つマークしなさい。

（注）　答えは、小数第4位以下を切り捨ててある。

1．2.019%

2．2.063%

3．2.083%

4．2.166%

【問題87】 ☐ ☐ ☐ ☐

利率年0.2%、償還期限10年、発行価格101.00円の利付国債を、2年経過後に102.00円で購入するときの直接利回りとして、正しいものはどれか。正しいものの番号を1つマークしなさい。

（注）　答えは、小数第4位以下を切り捨ててある。

1．－0.049%

2．　0.099%

3．　0.196%

4．　0.693%

【問題88】 ☐ ☐ ☐ ☐

残存期間4年、年利率1.5%の国債を、最終利回り1.0%になるように購入しようとするときの購入価格として正しいものはどれか。正しいものの番号を1つマークしなさい。

（注）　答えは、小数第4位以下を切り捨ててある。

1．　98.113円

2．100.000円

3．100.495円

4．101.923円

解答

[問題86]　3　　　　　　　　　　　　　　　　　　　　　　　　　テ187

$$所有期間利回り=\cfrac{利率+\cfrac{売却価格-購入価格}{所有期間（年）}}{購入価格}\times100（\%）$$

$$=\cfrac{2.0+\cfrac{105-104}{6}}{104}\times100≒\underline{2.083\%}$$

[問題87]　3　　　　　　　　　　　　　　　　　　　　　　　　　テ188

$$直接利回り=\cfrac{利率}{購入価格}\times100（\%）=\cfrac{0.2}{102}\times100=\underline{0.196\%}$$

[問題88]　4　　　　　　　　　　　　　　　　　　　　　　　　テ188～189

$$購入価格=\cfrac{償還価格+利率\times残存期間}{1+\cfrac{利回り}{100}\times残存期間}=\cfrac{100+1.5\times4}{1+\cfrac{1.0}{100}\times4}≒\underline{101.923円}$$

$$又は、\cfrac{100+利率\times残存期間}{100+利回り\times残存期間}\times100=\cfrac{100+1.5\times4}{100+1.0\times4}\times100≒\underline{101.923円}$$

【問題89】 ☐ ☐ ☐ ☐

ある個人（居住者）が、利率2.0%、額面100万円の10年満期の利付債券を102.30円で売却した場合で、経過日数が73日であるときの経過利子に関する記述として正しいものはどれか。正しいものの番号を1つマークしなさい。

1．経過利子の額は3,187円であり、売却代金から経過利子が差し引かれる。
2．経過利子の額は3,187円であり、売却代金の他に経過利子も受け取れる。
3．経過利子の額は4,000円であり、売却代金から経過利子が差し引かれる。
4．経過利子の額は4,000円であり、売却代金の他に経過利子も受け取れる。

【問題90】 ☐ ☐ ☐ ☐

額面100万円の長期利付国債を、取引所取引により単価101円で購入したときの受渡代金として正しいものはどれか。正しいものの番号を1つマークしなさい。
（注）　経過利子は3,600円、委託手数料は額面100万円当たり4,000円（消費税相当額は考慮しないこと）で計算すること。

1．1,009,280円
2．1,010,600円
3．1,017,600円
4．1,017,920円

【問題91】 ☐ ☐ ☐ ☐

額面100万円の長期利付国債を、取引所取引により単価103円で売却したときの受渡代金として正しいものはどれか。正しいものの番号を1つマークしなさい。
（注）　経過利子は4,800円、委託手数料は額面100万円当たり4,000円（消費税相当額は考慮しないこと）で計算すること。

1．1,021,000円
2．1,021,200円
3．1,030,800円
4．1,038,800円

解答

[問題89] 4 〒190〜191

経過利子＝額面（100円）当たり利子×$\dfrac{経過日数}{365}$×$\dfrac{売買額面総額}{100}$

$$=1.8円×\dfrac{73}{365}=0.4$$

額面100万円に対する経過利子＝経過利子×$\dfrac{売買額面総額}{100}$

$$=0.4×\dfrac{1,000,000円}{100円}=\underline{4,000円}$$

売却代金の他に、4,000円の経過利子を受け取れる。

[問題90] 3 〒192

債券購入時の受渡代金：約定代金＋手数料＋経過利子を支払う

約定代金＝$1,000,000円×\dfrac{101円}{100円}=1,010,000円$

受渡代金＝約定代金＋手数料＋経過利子
$$=1,010,000円＋4,000円＋3,600円=\underline{1,017,600円}$$

[問題91] 3 〒192

債券売却時の受渡代金：約定代金－手数料＋経過利子を受け取る

約定代金＝$1,000,000円×\dfrac{103円}{100円}=1,030,000円$

受渡代金＝約定代金－手数料＋経過利子
$$=1,030,000円－4,000円＋4,800円=\underline{1,030,800円}$$

8 CP等短期有価証券業務

○×問題 以下について、正しければ○を、正しくなければ×をつけなさい。

[問題1] □ □ □ □

CPとは、コマーシャル・ペーパーのことで、優良企業が機関投資家等から無担保で短期の資金調達を行うために、利付方式で発行される有価証券である。

[問題2] □ □ □ □

CPは、約束手形の性格も有している。

[問題3] □ □ □ □

CPの発行主体となることができるのは一般事業会社だけであって、金融機関はなることができない。

[問題4] □ □ □ □

協会員は、国内CP及び短期社債の売買その他の取引の勧誘等を行うに当たっては、「国内CP等及び私募社債の売買取引等に係る勧誘等に関する規則」によるものとされている。

[問題5] □ □ □ □

協会員は、顧客に対し国内CP及び短期社債の売付けの申込の勧誘を行うに当たっては、「発行体等に関する説明書」等を当該顧客の求めに応じて交付する等の方法により、発行者情報及び証券情報の説明に努めるものとされている。

[問題6] □ □ □ □

協会員が、顧客に対し勧誘を行わずに国内CP及び短期社債を売り付ける場合には、当該注文が当該顧客からの意向に基づくものである旨を、営業責任者が確認すれば、受注することができ、手続きは完了する。

[問題7] □ □ □ □

国内CP及び短期社債のディーリング業務を行う登録金融機関は、当該業務に係る有価証券等について投資目的の売買業務等と一体として行ってはならない。

[問題8] □ □ □ □

協会員は、国内CP及び短期社債の売買を取り扱う部門と融資部門において、顧客情報を共有する必要がある。

解答

[問題1] ×　　　　　　　　　　　　　　　　　　　　　㊀169、198
コマーシャル・ペーパーは、割引方式で発行される有価証券である。

[問題2] ○　　　　　　　　　　　　　　　　　　　　　㊀169、198

[問題3] ×　　　　　　　　　　　　　　　　　　　　　㊀198
金融機関も、CPの発行主体になることができる。

[問題4] ○　　　　　　　　　　　　　　　　　　　　　㊀198

[問題5] ○　　　　　　　　　　　　　　　　　　　　　㊀198

[問題6] ×　　　　　　　　　　　　　　　　　　　　　㊀198
　顧客に対し勧誘を行わずに国内CP及び短期社債を売り付ける場合には、当該注文が当該顧客からの意向に基づくものである旨の記録を作成のうえ、整理、保存する等適切な管理を行わなければならない。

[問題7] ○　　　　　　　　　　　　　　　　　　　　　㊀199
　また、これらの部門間での顧客の紹介を行ってはならない。

[問題8] ×　　　　　　　　　　　　　　　　　　　　　㊀199
　国内CP及び短期社債の売買を取り扱う部門と融資部門の間での、いわゆる機微情報の流出入の遮断等に十全を期することとなっている。

［問題9］ ☐ ☐ ☐ ☐

国内CP及び短期社債の売買等を担当する職員は、融資業務及び国内CP及び短期社債に係る投資目的の売買業務等を兼任できる。

［問題10］ ☐ ☐ ☐ ☐

海外CDは、金融商品取引法上の有価証券である。

［問題11］ ☐ ☐ ☐ ☐

協会員が、海外CP等の取引を行う場合、「保護預り約款」により取引を行うものとされている。

［問題12］ ☐ ☐ ☐ ☐

協会員が、顧客から海外CP等の取引の注文を受けるためには、「保護預り規程」を交付し、当該顧客から約款に基づく保護預り口座の設定申込書の提出を受けたうえで、契約を締結する必要がある。

［問題13］ ☐ ☐ ☐ ☐

協会員は、顧客の注文に基づいて行う海外CP及び海外CD等の売買等の執行、売買代金の決済等については、外国証券取引口座に関する約款に定めるところにより処理しなければならない。

［問題14］ ☐ ☐ ☐ ☐

協会員は、顧客から保管の委託を受けた海外CP及び海外CDについて、当該海外CP及び海外CDの発行者から交付された通知書及び資料等（法令等により顧客への提供、公表義務が付されているものを除く）を、当該協会員に到達した日から3年間保管し、当該顧客の閲覧に供しなければならない。

解答

[問題9] ×　　　　　　　　　　　　　　　　　　　　　　　　　　〒199

国内CP及び短期社債の売買等を担当する職員は、融資業務及び国内CPに係る投資目的の売買業務等を<u>兼任してはならない</u>。

[問題10] ○　　　　　　　　　　　　　　　　　　　　　　　〒169、200

なお、国内CD（譲渡性預金）は、金融商品取引法上の有価証券ではない。

[問題11] ×　　　　　　　　　　　　　　　　　　　　　　　　　〒200

海外CP等の取引を行うに当たっては、日本証券業協会の<u>「外国証券の取引に関する規則」</u>によるものとされている。

[問題12] ×　　　　　　　　　　　　　　　　　　　　　　　　　〒200

<u>「外国証券取引口座に関する約款」</u>を交付し、当該顧客から<u>約款に基づく取引口座の設定に係る申込みを受けなければならない</u>。

[問題13] ○　　　　　　　　　　　　　　　　　　　　　　　　　〒200

[問題14] ×　　　　　　　　　　　　　　　　　　　　　　　　　〒200

資料の保管期間は、<u>1年間</u>である。

9 | その他の金融商品取引業務

○×問題 以下について、正しければ○を、正しくなければ×をつけなさい。

[問題1] □ □ □ □
「資産の流動化に関する法律」に規定する特定社債券、優先出資証券、特定約束手形などは、金融商品取引法上の有価証券に含まれる。

[問題2] □ □ □ □
SPC法により、特定目的会社（SPC）は、資産の保有者より譲渡された特定資産から得られる収益を償還の裏付けとして、証券を発行し、資金調達を行うことができる。

[問題3] □ □ □ □
登録金融機関は、特定目的会社（SPC）発行証券の引受け及び募集の取扱い等を行うことはできない。

[問題4] □ □ □ □
CARDsとは、外国貸付債権信託受益証券の一種で、海外の金融機関の貸付債権を信託した資産金融型商品である。

[問題5] □ □ □ □
協会員は、CARDsの取引を行うに当たっては、「外国証券の取引に関する規則」によるものとされている。

[問題6] □ □ □ □
協会員は、顧客からCARDsの取引の注文を受ける場合には、「外国証券取引口座に関する約款」を顧客に交付し、当該顧客から約款に基づく取引口座の設定に係る申込みを受けなければならない。

[問題7] □ □ □ □
協会員は、顧客から保管の委託を受けたCARDsについて、発行者から交付された通知書及び資料等を、当該協会員に到着した日から1年間保管し、当該顧客の閲覧に供しなければならない。

解答

【問題1】 ○　　　　　　　　　　　　　　　　　　　　　　テ204

　SPCにより発行される金融商品取引法上の有価証券であり、資産担保型証券（ABS）の一種である。

【問題2】 ○　　　　　　　　　　　　　　　　　　　　　　テ204

【問題3】 ×　　　　　　　　　　　　　　　　　　　　　　テ204

　登録金融機関は、SPC発行証券の引受け及び募集の取扱い等<u>を行うことができる</u>。

【問題4】 ○　　　　　　　　　　　　　　　　　　　　　　テ205

【問題5】 ○　　　　　　　　　　　　　　　　　　　　　　テ205

【問題6】 ○　　　　　　　　　　　　　　　　　　　　　　テ205

【問題7】 ×　　　　　　　　　　　　　　　　　　　　　　テ205

　保管期間は、<u>3年間</u>である。

9・その他金融商品取引業務

[問題8] □ □ □ □

「適格機関投資家私募」とは、少人数（第一項有価証券については50名未満）を対象として新たに発行される有価証券の申込みの勧誘が行われる場合で、その有価証券が50名以上の者に譲渡されるおそれが少ない場合をいう。

[問題9] □ □ □ □

特定投資家私募とは、特定投資家向けの勧誘であって、当該取得勧誘を金融商品取引業者等に委託して行うもの又は金融商品取引業者等が自己のために行うものであり、かつ、当該有価証券が特定投資家又は一定の非居住者以外の者に譲渡されるおそれが少ない場合をいう。

[問題10] □ □ □ □

「少人数私募」とは、一定の機関投資家のみを対象として、新たに発行される有価証券の申込みの勧誘が行われる場合で、その有価証券が、適格機関投資家以外の者に譲渡されるおそれが少ない場合をいう。

[問題11] □ □ □ □

協会員は、顧客に対し勧誘を行わずに、私募社債の売付け又は媒介を行う場合に、当該注文が当該顧客の意向に基づくものである場合は、特段の管理を行う必要はない。

[問題12] □ □ □ □

有価証券関連デリバティブ取引とは、公共債、CP、社債、株式等の有価証券や株価指数等の有価証券指数等を原資産とするデリバティブ取引のことである。

[問題13] □ □ □ □

銀行、協同組織金融機関その他政令で定める金融機関が、有価証券関連デリバティブ取引を含めた有価証券関連業務を行うことは原則禁止されているが、当該金融機関が他の法律の定めるところにより投資の目的をもって行う等の場合は可能である。

[問題14] □ □ □ □

銀行、協同組織金融機関その他政令で定める金融機関が、書面取次ぎ行為を行うことは一切禁止されている。

解答

[問題8] ×　　　　　　　　　　　　　　　　　　　　　　　　　　　㋜206

「適格機関投資家私募」とは、適格機関投資家向けの勧誘が行われる場合で、その有価証券が、適格機関投資家以外の者に譲渡されるおそれが少ない場合をいう。問題文は、少人数私募の記述である。

[問題9] ○　　　　　　　　　　　　　　　　　　　　　　　　　　　㋜206

[問題10] ×　　　　　　　　　　　　　　　　　　　　　　　　　　㋜206

「少人数私募」とは、少人数（第一項有価証券については50名未満）を対象として新たに発行される有価証券の申込みの勧誘が行われる場合で、その有価証券が50名以上の者に譲渡されるおそれが少ない場合をいう。問題文は、適格機関投資家私募の記述である。

[問題11] ×　　　　　　　　　　　　　　　　　　　　　　　　　　㋜207

当該注文がその顧客の意向に基づくものである旨の記録を作成のうえ、整理、保存する等の適切な管理を行う必要がある。

[問題12] ○　　　　　　　　　　　　　　　　　　　　　　　　　　㋜208

[問題13] ○　　　　　　　　　　　　　　　　　　　　　　　　　　㋜208

[問題14] ×　　　　　　　　　　　　　　　　　　　　　　　　　　㋜208

銀行、協同組織金融機関その他政令で定める金融機関は、内閣総理大臣（金融庁長官）の登録を受けることにより、書面取次ぎ行為を行うことができる。

9・その他金融商品取引業務

10 デリバティブ取引

○×問題 以下について、正しければ○を、正しくなければ×をつけなさい。

【問題1】 ☐ ☐ ☐ ☐
　先物取引とは、ある特定の商品（原資産）を、将来のあらかじめ定められた期日（期限日）に取引の時点で定めた価格（約定価格）で売買することを契約する取引である。

【問題2】 ☐ ☐ ☐ ☐
　先物取引においては、契約により、買方は売方より期限日に原資産を約定価格で購入する義務を負う。

【問題3】 ☐ ☐ ☐ ☐
　先物取引において反対売買とは、取引最終日までに、買建て（買方）の場合は転売、売建て（売方）の場合は買戻しを行うことにより、先物の建玉（ポジション）を相殺して契約を解消することである。

【問題4】 ☐ ☐ ☐ ☐
　先物市場は、現物市場と同じ価格付けが行われる。

【問題5】 ☐ ☐ ☐ ☐
　先物価格が、現物価格より高い状態を「先物がディスカウント」という。

【問題6】 ☐ ☐ ☐ ☐
　先物取引の重要な意義は、価格変動リスクの移転機能にある。

【問題7】 ☐ ☐ ☐ ☐
　先物市場参加者のうちアービトラージャーとは、先物と現物又は先物と先物の間の価格乖離をとらえて収益を狙うことを目的とする者をいう。

【問題8】 ☐ ☐ ☐ ☐
　先物取引における買ヘッジとは、将来取得する予定の資産の値上がりが予想される場合に、あらかじめ先物を買い建てておき、予想どおり相場が上昇した時は先物を転売して利益を得て、これを現物購入資金に加えることにより、現物の値上がり分をカバーすることである。

解答

[問題1] ○ 　　　　　　　　　　　　　　　　　　　　　　㋫212

[問題2] ○ 　　　　　　　　　　　　　　　　　　　　　　㋫212
逆に、売方は買方へ売却する義務を負う。

[問題3] ○ 　　　　　　　　　　　　　　　　　　　　㋫212、254
なお、反対売買による決済は、差金決済によって行われる。

[問題4] × 　　　　　　　　　　　　　　　　　　　　　　㋫213
　先物市場と現物市場は<u>別に価格付けが行われ</u>、また、先物市場は、<u>限月別に価格付けが行われる</u>。

[問題5] × 　　　　　　　　　　　　　　　　　　　　　　㋫213
　先物価格が、現物価格より高い状態を「先物が<u>プレミアム</u>」という。なお、「先物がディスカウント」とは、先物価格が、現物価格より低い状態をいう。

[問題6] ○ 　　　　　　　　　　　　　　　　　　　　　　㋫215

[問題7] ○ 　　　　　　　　　　　　　　　　　　　　㋫215、217
　なお、先物と現物又は先物と先物の間の価格乖離をとらえて収益を狙う取引を、裁定取引（アービトラージ取引）という。

[問題8] ○ 　　　　　　　　　　　　　　　　　　　　　　㋫216
　なお、先物取引における売ヘッジとは、相場の下落が予想される場合に、先物を売り建て、予想どおり相場が下落した時は先物を買い戻して利益を得ることによって、現物の値下がりによる損失を相殺することである。

[問題9] □ □ □ □

スプレッド取引とは、先物と現物の価格差（スプレッド）を利用し、スプレッドが一定水準以上に乖離したときに、割高な方を売り、同時に割安な方を買う取引のことをいう。

[問題10] □ □ □ □

スプレッド取引には、カレンダー・スプレッド取引とベーシス取引があり、限月が異なる先物の価格差を利用した取引のことをカレンダー・スプレッド取引という。

[問題11] □ □ □ □

長期国債先物取引において、カレンダー・スプレッドの買いとは、「期近限月の売り＋期先限月の買い」である。

[問題12] □ □ □ □

スペキュレーション取引とは、先物の価格変動をとらえて利益を獲得することのみに着目する取引であり、先物取引には、少額の証拠金を預けるだけで多額の取引ができるという現物にはない特色がある。

[問題13] □ □ □ □

先物取引における逆張りとは、相場が上昇してきたからこれから下がると見込んで売り、反対に下落しているからこれから上がると見込んで買うという取引方法である。

[問題14] □ □ □ □

先物取引は、商品の種類、取引単位、満期、決済方法等の条件を、すべて売買の当事者間で任意に定めることができる相対取引であり、先渡取引は、諸条件がすべて標準化された取引所取引である。

[問題15] □ □ □ □

オプション取引とは、ある商品（原資産）を将来のある期日（満期日）までに、その時の市場価格に関係なくあらかじめ決められた特定の価格（権利行使価格）で売買することを契約する取引である。

[問題16] □ □ □ □

オプション取引において、「買う権利」のことをコール・オプションという。

解答

[問題9] ×　　　　　　　　　　　　　　　　　　　　　〒183、217
スプレッド取引とは、<u>2つの先物の価格差（スプレッド）</u>を利用した取引である。問題文は、ベーシス取引の記述である。

[問題10] ×　　　　　　　　　　　　　　　　　　　　　　〒217
スプレッド取引には、カレンダー・スプレッド取引と<u>インターマーケット・スプレッド取引</u>がある。限月が異なる先物の価格差を利用した取引のことをカレンダー・スプレッド取引といい、異なる商品間の先物価格差を利用した取引をインターマーケット・スプレッド取引という。

[問題11] ×　　　　　　　　　　　　　　　　　　　　　　〒217
長期国債先物取引において、カレンダー・スプレッドの買いとは、「<u>期近限月の買い＋期先限月の売り</u>」をいう。

[問題12] ○　　　　　　　　　　　　　　　　　　　　　　〒218
この特色を、レバレッジ効果という。

[問題13] ○　　　　　　　　　　　　　　　　　　　　　　〒218
なお、順張りとは、相場が<u>上昇</u>している時にそのまま上昇すると見込んで買い、反対に下落している時にそのまま下落すると見込んで売るというような取引方法である。

[問題14] ×　　　　　　　　　　　　　　　　　　　　　　〒219
先物取引は、諸条件がすべて<u>標準化された取引所取引</u>であり、先渡取引は、<u>商品の種類、取引単位、満期、決済方法等の条件を、すべて売買の当事者間で任意に定めることができる相対取引</u>（OTCデリバティブ取引）である。

[問題15] ×　　　　　　　　　　　　　　　　　　　　　　〒220
オプション取引とは、ある商品（原資産）を将来のある期日（満期日）までに、その時の市場価格に関係なくあらかじめ決められた特定の価格（権利行使価格）で<u>買う権利</u>、又は<u>売る権利</u>を売買する取引のことをいう。

[問題16] ○　　　　　　　　　　　　　　　　　　　　　　〒220
なお、「売る権利」のことをプット・オプションという。

[問題17] ☐ ☐ ☐ ☐

オプション取引において、買う権利及び売る権利に対して付けられる価格のことをプレミアムという。

[問題18] ☐ ☐ ☐ ☐

オプションの買方は、プレミアムを受取り、権利行使に応じる義務がある。

[問題19] ☐ ☐ ☐ ☐

オプション取引の決済方法で、満期日までいつでも権利行使可能なものをアメリカン・タイプという。

[問題20] ☐ ☐ ☐ ☐

オプション取引では、原資産価格と権利行使価格の関係から、権利行使しても何も手に入らない状態を、イン・ザ・マネーという。

[問題21] ☐ ☐ ☐ ☐

権利行使日におけるオプション取引の決済は、権利行使価格を受け取り、原資産を受け渡す現物決済の方法によるもののみである。

[問題22] ☐ ☐ ☐ ☐

権利行使日におけるオプション取引の、差金決済による決済において、「買方の損益＝プレミアム－ペイオフ」、「売方の損益＝ペイオフ－プレミアム」が成り立つ。

[問題23] ☐ ☐ ☐ ☐

コール・オプションであってもプット・オプションであっても、オプションの買方の利益は無限定である。一方、損失は最大でもプレミアム分に限定される。

[問題24] ☐ ☐ ☐ ☐

オプションの売方は、当初プレミアムを手に入れる代わりに、将来、権利行使があった場合に応じる義務があり、ペイオフの支払い義務を、プレミアムを対価として引き受けていることになる。

解答

[問題17] ○ 〒220

オプションの買方は、売方にプレミアムを支払い、この権利を取得する。一方、売方は買方からプレミアムを受取り、買方に権利を与える。

[問題18] × 〒220

オプションの買方は、<u>プレミアムを売方に支払い権利を取得するが、権利行使する義務はない</u>。問題文は、オプションの売方の記述である。

[問題19] ○ 〒221

なお、満期日のみ権利行使できるものをヨーロピアン・タイプという。

[問題20] × 〒221

イン・ザ・マネーとは、権利行使したとき、<u>手に入る金額（ペイオフ）がプラスである（利益を得られる）状態</u>のことをいう。問題文は、アウト・オブ・ザ・マネーの記述である。

[問題21] × 〒222

権利行使日におけるオプション取引の決済には、権利行使価格を受け取り、原資産を受け渡す現物決済と、受け渡す原資産がない場合に、<u>差額分の資金のみを授受する差金決済</u>がある。

[問題22] × 〒222

権利行使日におけるオプション取引の決済において、「<u>買方の損益＝ペイオフ－プレミアム</u>」、「<u>売方の損益＝プレミアム－ペイオフ</u>」が成り立つ。

[問題23] ○ 〒222、238

なお、オプションの買方は、利益無限定である。また、見込が外れて、権利行使を放棄せざるを得なくなっても、損失は当初プレミアムとして支払った資金に限定される（損失限定）。

[問題24] ○ 〒222

なお、オプションの売方は、利益限定、損失無限定である。また、ペイオフとは、オプション取引などにおける決済時の損益のことをいう。

10・デリバティブ取引

【問題25】 ☐ ☐ ☐ ☐

オプション取引によるヘッジと先物取引によるヘッジとの大きな違いは、オプション取引が価格変動リスクと同時に収益機会も消してしまうのに対して、先物取引はリスク・ヘッジとリターン追求が同時に行える点である。

【問題26】 ☐ ☐ ☐ ☐

オプションのプレミアムは、イントリンシック・バリューとタイム・バリューの2つの部分で成り立つ。

【問題27】 ☐ ☐ ☐ ☐

イン・ザ・マネーの状態では、本質的価値は存在しない。

【問題28】 ☐ ☐ ☐ ☐

コール・オプションは、原資産価格が上昇するとプレミアムは低くなり、プット・オプションは原資産価格が上昇すると、プレミアムは高くなる。

【問題29】 ☐ ☐ ☐ ☐

オプション取引において、コール・オプションでは権利行使価格が高いものほどプレミアムは高くなり、プット・オプションでは権利行使価格が高いものほどプレミアムは低くなる。

【問題30】 ☐ ☐ ☐ ☐

コール・オプション及びプット・オプション双方とも、残存期間が短くなるほどプレミアムは高くなる。

【問題31】 ☐ ☐ ☐ ☐

コール・オプションもプット・オプションも、ボラティリティが上昇すれば、そのプレミアムも上昇し、逆にボラティリティが下落すれば、プレミアムも下落する。

【問題32】 ☐ ☐ ☐ ☐

オプションのデルタとは、ボラティリティの微小変化に対するオプション・プレミアムの変化の比を表す指標である。

解答

[問題25] ×　　　　　　　　　　　　　　　　　　　　　　　　テ222

先物取引が価格変動リスクと同時に収益機会も消してしまうのに対して、オプションを使うことでリスク・ヘッジとリターン追求が同時に行える点が異なる。

[問題26] ○　　　　　　　　　　　　　　　　　　　　　　　　テ223

なお、イントリンシック・バリューとは本質的価値、タイム・バリューとは時間価値のことで、「オプション・プレミアム＝本質的価値＋時間価値」が成り立つ。

[問題27] ×　　　　　　　　　　　　　　　　　　　　　　　　テ223

イン・ザ・マネーの状態の時、本質的価値は存在し、アット・ザ・マネーやアウト・オブ・ザ・マネーの状態の時、本質的価値は存在しない。

[問題28] ×　　　　　　　　　　　　　　　　　　　　　　　　テ224

原資産価格が上昇すれば、コール・オプションの場合は、権利行使価格を超える可能性が高くなるためプレミアムは高くなる。反対にプット・オプションの場合は、権利行使価格を下回る可能性が小さくなるのでプレミアムは低くなる。

[問題29] ×　　　　　　　　　　　　　　　　　　　　　　　　テ224

コール・オプションでは権利行使価格が高いものほどプレミアムは低くなり、プット・オプションでは権利行使価格が高いものほどプレミアムは高くなる。

[問題30] ×　　　　　　　　　　　　　　　　　　　　　　　　テ224

コール、プットを問わず、残存期間が短くなるほどプレミアムは低くなる。なお、残存期間が長いということは、原資産の市場価格が権利行使価格を超えて上昇あるいは下落する可能性が高くなることを意味する。つまり、権利行使機会が拡大することを意味するため、プレミアムは高くなる。

[問題31] ○　　　　　　　　　　　　　　　　　　　　　　　　テ225

なお、ボラティリティとは、価格の変動性のことである。

[問題32] ×　　　　　　　　　　　　　　　　　　　　　　　　テ225

オプションのデルタとは、原資産価格の微小変化に対するプレミアムの変化の比のことを指す。問題文は、ベガの記述である。

問題

[問題33]　□　□　□　□

　コールのデルタは「0～1」、プットのデルタは「－1～0」の範囲で動く。

[問題34]　□　□　□　□

　オプションの取引において、コールの買いは、市場価格が上昇すると予想する戦略で、市場価格が上昇すれば上昇するほど、大きな利益が発生し、逆に市場価格が下落しても、損失は当初のプレミアム分に限定される。

[問題35]　□　□　□　□

　オプション取引の投資戦略のうち、プットの買いの場合、利益は無限定、損失は限定である。

[問題36]　□　□　□　□

　オプション取引の投資戦略のうち、ストラドルの買いは、同じ権利行使価格のコールとプットを組み合わせて同じ量だけ買うポジションで、市場価格がどちらに動くかわからないが、大きく変動すると予想するときにとる戦略である。

[問題37]　□　□　□　□

　オプション取引の投資戦略のうち、ストラングルの買いは、異なった権利行使価格のコールとプットを同じ量だけ買うポジションであり、利益は限定だが、損失は無限定となる。

[問題38]　□　□　□　□

　オプション取引の投資戦略のうち、バーティカル・ブル・コール・スプレッドの投資戦略において、原資産が騰落した場合、利益と損失はともに無限定である。

[問題39]　□　□　□　□

　オプション取引の投資戦略のうち、バーティカル・ベア・コール・スプレッドは、市場価格がやや下落すると予想する投資戦略である。

[問題40]　□　□　□　□

　同じ権利行使価格、同じ限月で同量のコールの買いとプットの売りを合わせて合成先物を作ると、あたかも先物の買いポジションを持ったかのようになる。

解答

[問題33] ○ ㊉225、227

[問題34] ○ ㊉227〜228、238
　なお、コールの売りは、「市場価格がやや軟化する」と予想する戦略で、見込みが外れて上昇すれば上昇するほど、大きな損失が発生する。一方、利益は当初のプレミアム分に限定される。

[問題35] ○ ㊉222、229、238
　なお、プットの買いは、「市場価格が下がる」と予想する戦略である。

[問題36] ○ ㊉230、238
　なお、利益は無限定、損失は限定となる。また、損益分岐点は、2つある。

[問題37] × ㊉231、238
　ストラングルの買いは、利益は無限定だが、損失は限定となる。なお、損益分岐点は、2つある。

[問題38] × ㊉232、238
　バーティカル・ブル・コール・スプレッドは、権利行使価格の高いコールを売り、権利行使価格の低いコールを同量買う戦略で、利益も損失も限定されるポジションである。なお、損益分岐点は1つである。

[問題39] ○ ㊉234、238
　なお、バーティカル・ベア・コール・スプレッドは、権利行使価格の高いコールを買い、権利行使価格の低いコールを同量売る戦略である。また、利益も損失も限定されるポジションで、損益分岐点は1つである。

[問題40] ○ ㊉236
　問題文は、合成先物の買いの記述である。合成先物を作ることにより、先物取引にない限月物の先物を、オプションを用いて作ることが可能になる。

[問題41] □ □ □ □

プロテクティブ・プットは、「原資産買い持ち＋プットの買い」で作るポジションで、「目先市場は調整局面になりそうだ」という予想に基づき、コストを支払ってもよいからダウンサイド・リスクのヘッジをしたい投資者に用いられる。

[問題42] □ □ □ □

スワップ取引とは、契約の当事者である二者間で、スタート日付から満期までの一定間隔の支払日（ペイメント日）にキャッシュ・フローを交換する取引のことである。

[問題43] □ □ □ □

市場リスクとは、市場価格や金利や為替レートなどが予見不能な、あるいは、確率的に変動するリスクのことで、マーケットリスクともいう。

[問題44] □ □ □ □

マーケット（市場）リスクには、債券や株券等の原資産の価格変動など予測できない（確率的）変動から生じるリスクが含まれるが、金利や為替、クレジットスプレッド、物価指数及び天候等の参照指標はマーケットリスクの範囲に含まれない。

[問題45] □ □ □ □

デリバティブ取引の市場取引においては、証拠金や追証などの制度が整備されているため、カウンターパーティ・リスクを考慮する必要はほとんどない。

[問題46] □ □ □ □

店頭デリバティブは、相対取引であるため、必然的に相手先のデフォルト・リスク（信用リスク）にさらされる。

[問題47] □ □ □ □

先物取引において、限月とは、ある先物・オプション取引の期限が満了となる月のことである。

[問題48] □ □ □ □

先物取引では、1日の間の過度な価格の上昇や下落を防ぐ趣旨から、1日の価格変動幅に一定の制限を設けている。これを「制限値幅」という。

解答

[問題41] ○　　　　　　　　　　　　　　　　　　　　　　　テ237

[問題42] ○　　　　　　　　　　　　　　　　　　　　　　　テ239

[問題43] ○　　　　　　　　　　　　　　　　　　　　　　　テ241

[問題44] ×　　　　　　　　　　　　　　　　　　　　　　　テ241
　金利や為替、クレジットスプレッド、物価指数及び天候等の参照指標も、マーケットリスクの範囲に含まれる。

[問題45] ○　　　　　　　　　　　　　　　　　　　　　　　テ242
　なお、カウンターパーティ・リスクとは、カウンターパーティ（デリバティブ取引におけるその取引の相手方）の信用リスクのことをいう。

[問題46] ○　　　　　　　　　　　　　　　　　　　　　　　テ242

[問題47] ○　　　　　　　　　　　　　　　　　　　　　　　テ249

[問題48] ○　　　　　　　　　　　　　　　　　　　　　　　テ250
　これにより、相場が激変したとき等に市場参加者の混乱を抑える効果が期待されており、ひいては投資者保護にもつながるものである。さらに、相場過熱時には、取引の一時中断措置（サーキット・ブレーカー制度）が設けられている。

問題

[問題49] ☐ ☐ ☐ ☐

マーケットメイカー制度とは、注文の執行業務とポジション・証拠金の管理といった清算業務を異なった取引参加者に依頼することができる制度をいう。

[問題50] ☐ ☐ ☐ ☐

市場デリバティブ取引では、取引を行った日の翌営業日までの金融商品取引業者等が指定する日時までに、証拠金を差し入れなければならない。

[問題51] ☐ ☐ ☐ ☐

先物オプション取引の証拠金は、いかなる場合も引き出すことはできない。

[問題52] ☐ ☐ ☐ ☐

先物取引において、建玉の計算上の評価損により生じた証拠金の不足については、全額有価証券による代用が可能である。

[問題53] ☐ ☐ ☐ ☐

市場デリバティブ取引における緊急取引証拠金は、必ず現金で差し入れなければならない。

[問題54] ☐ ☐ ☐ ☐

国債先物取引における標準物とは、利率と償還期限を常に一定とする現物の債券である。また、期限満了の際の受渡決済は、受渡適格となる銘柄を複数定めるバスケット方式になっている。

[問題55] ☐ ☐ ☐ ☐

国債先物取引における決済の方法は、反対売買による差金決済と、現渡し・現引きによる受渡決済の2つの方法がある。

[問題56] ☐ ☐ ☐ ☐

国債先物取引における差金決済では、約定価格の全額を受渡しする。

[問題57] ☐ ☐ ☐ ☐

国債先物取引において、受渡決済を行う際に用いる「受渡適格銘柄」は、買方に銘柄の選択権があり、売方には選択権がない。

解答

[問題49] ×　　　　　　　　　　　　　　　　　　　テ250
　マーケットメイカー制度とは、取引所が指定するマーケットメイカーが、特定の銘柄に対して一定の条件で継続的に売呼値及び買呼値を提示することにより、投資者がいつでも取引できる環境を整える制度である。問題文は、ギブアップ制度の記述である。

[問題50] ○　　　　　　　　　　　　　　　　　　　テ251
　なお、市場デリバティブ取引においては、決済履行を保証し取引の安全性を確保するため、証拠金制度が採用されている。

[問題51] ×　　　　　　　　　　　　　　　　　　　テ252
　証拠金は、受入証拠金の総額が証拠金所要額を上回る場合を除き、引き出すことができない。

[問題52] ×　　　　　　　　　　　　　　　　　　　テ252
　先物取引において、建玉の計算上の評価損により生じた証拠金の不足（現金不足額）については、全額現金で差し入れなければならない。

[問題53] ×　　　　　　　　　　　　　　　　　　　テ253
　市場デリバティブ取引における緊急取引証拠金及び日中取引証拠金は、有価証券による代用が可能である。

[問題54] ×　　　　　　　　　　　　　　　　　　　テ254
　標準物とは、利率と償還期限を常に一定とする架空の債券である。

[問題55] ○　　　　　　　　　　　　　　　　　　　テ254

[問題56] ×　　　　　　　　　　　　　　　　　　　テ254
　差金決済は、反対売買により売り値と買い値の差額で決済する方法である。

[問題57] ×　　　　　　　　　　　　　　　　　　　テ255
　「受渡適格銘柄」は売方に銘柄の選択権があり、買方は銘柄を指定できない。

[問題58] ☐ ☐ ☐ ☐
　国債先物取引において、現引き・現渡しを行う場合の、標準物と受渡適格銘柄の価値を同一にするための調整を行う比率を、コンバージョン・ファクター（交換比率）という。

[問題59] ☐ ☐ ☐ ☐
　長期国債先物取引の標準物は、償還期限10年、利率年３％、取引単位が額面１億円の架空の国債である。

[問題60] ☐ ☐ ☐ ☐
　国債先物取引の限月は３月、６月、９月、12月限になっており、４限月取引を行っている。

[問題61] ☐ ☐ ☐ ☐
　国債先物取引における呼値の単位は、額面100円当たり１銭とされている。

[問題62] ☐ ☐ ☐ ☐
　金標準先物の原資産は金地金であり、限月は６限月制となっている。

[問題63] ☐ ☐ ☐ ☐
　長期国債先物オプション取引は、満期日のみ権利行使を行うことができるヨーロピアン・タイプである。

[問題64] ☐ ☐ ☐ ☐
　長期国債先物オプション取引において、取引最終日までに反対売買によって決済されなかったイン・ザ・マネーの未決済建玉については、権利を放棄しない限り自動的に行使される。

[問題65] ☐ ☐ ☐ ☐
　長期国債先物オプション取引の取引限月は、３、６、９、12月限のうち、期近の２限月（取引期間は６ヵ月）とする四半期限月、及び当該月以外の短期物限月取引（最大２限月）がある。

[問題66] ☐ ☐ ☐ ☐
　長期国債先物オプション取引の取引単位は、１契約当たり各国債先物取引の額面５億円である。

解答

[問題58] ○　　　　　　　　　　　　　　　　　　　　　　　　　　　テ255
　国債先物の対象は架空の債券（標準物）であるため、この調整が必要となる。

[問題59] ×　　　　　　　　　　　　　　　　　　　　　　　　　　　テ255
　長期国債先物取引の標準物は、償還期限10年、<u>利率年６％</u>、取引単位が額面
１億円の架空の国債である。

[問題60] ×　　　　　　　　　　　　　　　　　　　　　　　　　　　テ255
　国債先物取引の限月は３月、６月、９月、12月限になっており、<u>３限月取引</u>
を行っている。

[問題61] ○　　　　　　　　　　　　　　　　　　　　　　　　　テ248、255

[問題62] ○　　　　　　　　　　　　　　　　　　　　　　　　　　　テ260

[問題63] ×　　　　　　　　　　　　　　　　　　　　　　　　　テ221、261
　長期国債先物オプション取引は、<u>取引開始日から取引最終日までいつでも権
利行使を行うことができるアメリカン・タイプ</u>である。

[問題64] ○　　　　　　　　　　　　　　　　　　　　　　　　　　　テ261
　なお、このことを自動権利行使制度という。その際、長期国債先物の建玉が
発生する。

[問題65] ○　　　　　　　　　　　　　　　　　　　　　　　　　　　テ261

[問題66] ×　　　　　　　　　　　　　　　　　　　　　　　　　テ248、261
　長期国債先物オプション取引の取引単位は、１契約当たり各国債先物取引の
額面<u>１億円</u>である。

問題

【問題67】 ☐ ☐ ☐ ☐

長期国債先物オプションの権利行使価格は、その他の限月については、取引開始日に50銭刻みの権利行使価格を19種類設定し、先物価格の変動等に応じて権利行使価格を追加設定する。

【問題68】 ☐ ☐ ☐ ☐

店頭デリバティブの原資産や参照指標の中には、有価証券関連以外の金利、通貨（外国為替）、クレジット、天候などが含まれている。

【問題69】 ☐ ☐ ☐ ☐

店頭デリバティブの残高合計（想定元本ベース）のうち最大を占めているのが、金利デリバティブである。

【問題70】 ☐ ☐ ☐ ☐

「金利スワップ」とは、同一通貨間で固定金利同士を交換する取引である。

【問題71】 ☐ ☐ ☐ ☐

固定金利と変動金利を交換するスワップを、プレーンバニラ・スワップという。

【問題72】 ☐ ☐ ☐ ☐

「キャップ」は、将来の市場金利低下による保有金利資産の受取金利収入の減少に備えるヘッジ取引であり、金利下落リスクのヘッジが可能となる。

【問題73】 ☐ ☐ ☐ ☐

スワップションの種類には、固定受け・変動払いのタイプ（レシーバーズ・スワップション）と、固定払い・変動受けのタイプ（ペイヤーズ・スワップション）の２種類がある。

解答

[問題67] ✕   テ261
　長期国債先物オプションの権利行使価格の設定は、取引開始時に、権利行使
対象先物限月取引の清算値段に近接する設定基準価格を中心に、25銭刻みで各
上下20種類ずつ、合計41種類設定する。その後、先物価格の変動に応じて追加
設定される。

[問題68] 〇   テ263

[問題69] 〇   テ263
　金利デリバティブは、店頭デリバティブの残高合計（想定元本ベース）のう
ち約７割を占めている。

[問題70] ✕   テ263〜264
　同一通貨では固定金利同士を交換する金利スワップは存在しない。なお、「金
利スワップ」とは、取引者Aと取引者Bが同一通貨間で変動金利と固定金利、変
動金利と異種の変動金利、固定金利若しくは変動金利と一定のインデックス
（参照指標）を交換する取引であり、元本の交換は行われない。

[問題71] 〇   テ264
　なお、固定側のキャッシュ・フローを固定レグ、変動側のキャッシュ・フ
ローを変動レグという。

[問題72] ✕   テ265
　「キャップ」とは、変動金利を対象としたコール・オプション取引であり、金
利上昇リスクのヘッジが可能となる。問題文は、フロアの記述である。

[問題73] 〇   テ266

[問題74] □ □ □ □

「スワップション」とは、将来のスワップを行う権利（オプション）を売買する取引であるが、金利スワップにスワップションを組み合わせると、中途でのキャンセルはできなくなる。

[問題75] □ □ □ □

金利スワップには、同一通貨の期間の異なる変動金利を交換するテナー・スワップがある。

[問題76] □ □ □ □

通貨スワップとは、取引者Aと取引者Bが、異なる通貨のキャッシュフロー（元本及び金利）をあらかじめ合意した為替レートで交換する取引である。

[問題77] □ □ □ □

トータル・リターン・スワップ（TRS）は、プロテクションの買手が、取引期間中、プロテクションの売手に社債等の参照資産から生ずるクーポン及び値上がり益を支払い、代わりに値下がり分及び想定元本に対して計算される短期金利を受け取るスワップ取引である。

[問題78] □ □ □ □

トータル・リターン・スワップ（TRS）のプロテクション・セラーは、社債等を保有したまま売却した場合と同様の経済効果が得られる。

[問題79] □ □ □ □

クレジット・デフォルト・スワップ（CDS）は、プロテクションの買手が売手にプレミアムを支払い、その見返りとして、契約期間中に参照企業にクレジット・イベント（信用事由）が発生した場合に、損失に相当する金額を、売手から受け取る取引である。

[問題80] □ □ □ □

クレジット・デフォルト・スワップ（CDS）で、デフォルトが発生した場合は、プロテクション・セラーが損失を補償するが、これをプレミアム・レグという。

解答

[問題74] ×　㊉266

「スワップション(スワップ・オプション)」とは、将来のスワップを行う「権利」を売買するオプション取引のことであり、金利スワップにスワップションを組み合わせることによって、中途でのキャンセルも可能になる。

[問題75] ○　㊉266

[問題76] ○　㊉267

なお、通貨スワップにおいて、元本交換のない、金利の交換のみを行う場合では、クーポン・スワップと呼ばれている。

[問題77] ○　㊉268

なお、プロテクション(保証)の買手をプロテクション・バイヤーと呼び、これは保証を受ける側である。一方、プロテクションの売手をプロテクション・セラーと呼び、これは保証をする側である。

[問題78] ×　㊉268

プロテクション・セラーは、資金の受け払いをネットで行うため、少ない資金負担で社債等を保有した場合と同様の経済効果を得ることができる。問題文は、プロテクション・バイヤーの記述である。

[問題79] ○　㊉269

信用事由が発生しなかった場合は、そのまま取引が終了し、支払われたプレミアムは掛け捨てとなる。

[問題80] ×　㊉269

CDSで、デフォルトが発生した場合は、プロテクション・セラーが損失を補償し、これをプロテクション・レグという。プレミアム・レグとは、一種の保険料のようにCDSプレミアムを支払い続けることをいう。

10・デリバティブ取引

問題

[問題81] ☐ ☐ ☐ ☐

クレジット・デフォルト・スワップ（CDS）は、経済的にいえば、損失が発生した場合にプレミアム（保険料）の見返りとして、それに相当した金額を受け取ることができるという意味で、参照組織の生命保険といえる。

[問題82] ☐ ☐ ☐ ☐

参照組織が企業であるクレジット・デフォルト・スワップ（CDS）のプロテクション・バイヤーは、定期的にプレミアムを支払うことになるが、代わりに参照企業の信用リスクを補償してもらえるメリットがある。

[問題83] ☐ ☐ ☐ ☐

保険デリバティブは、実損填補を目的としていない為、一定の条件が満たされれば、実際に損害が発生しなくても決済金が支払われる。

[問題84] ☐ ☐ ☐ ☐

天候デリバティブとは、オプションの売手からみて、異常気象や天候不順などを原因とする利益の減少リスクをヘッジするための商品である。

[問題85] ☐ ☐ ☐ ☐

天候ディバティブは、異常気象と損害の因果関係の調査は不要である。

[問題86] ☐ ☐ ☐ ☐

地震オプションは、地震保険と同様に地震と実損の因果関係や損害金額に関する調査が必要となる。

[問題87] ☐ ☐ ☐ ☐

地震オプションにおける顧客のリスクとしては、決済金では実際の損害金額をカバーできないリスクのみである。

[問題88] ☐ ☐ ☐ ☐

CATボンドは、証券化商品の一種であり、ローン債権や債券（社債）、あるいはCDSを多数集めてプールしたポートフォリオを裏付けにした担保資産として発行される証券のことである。

解答

[問題81] ○ $\overline{\tau}$270

[問題82] ○ $\overline{\tau}$270
なお、プレミアムは参照組織のクレジットにより決定するが、そのカウンターパーティ・リスクを考慮する必要がある。

[問題83] ○ $\overline{\tau}$271
また、保険デリバティブ（天候デリバティブなど）は、異常気象等と損害の因果関係の調査は不要である。

[問題84] × $\overline{\tau}$271
天候デリバティブとは、オプションの買手からみて、異常気象や天候不順などを原因とする利益の減少リスクをヘッジするための商品である。

[問題85] ○ $\overline{\tau}$271
なお、天候デリバティブは、実損塡補を目的としていない為、一定の条件が満たされれば、実際に損害が発生しなくても決済金が支払われる。

[問題86] × $\overline{\tau}$273
地震オプションは、実損塡補を目的としていないため、損害が発生していなくても決済金が支払われる。そのため、地震と実損の因果関係や損害金額に関する調査は不要である。

[問題87] × $\overline{\tau}$273
取引相手である損害保険会社の信用リスクも存在する。

[問題88] × $\overline{\tau}$270、273
CATボンドは、高めのクーポンを投資家に支払う代わりに、元本毀損リスクを背負ってもらう仕組債である。問題文は、CDOの記述である。

選択問題

[問題89] □ □ □ □

先物取引に関する次の文章のうち、それぞれの（　　）にあてはまる語句の組み合わせとして、正しいものはどれか。正しいものの番号を1つマークしなさい。

先物取引の持つ価格変動リスクの移転機能は、市場での取引を通じて、相互に逆方向のリスクを持つ（　①　）の間でリスクが移転され合う又は、（　①　）から（　②　）にリスクが転嫁されることにより果たされる。

先物市場は、（　①　）に対してはリスク回避の手段を、（　②　）に対しては投機利益の獲得機会を、（　③　）に対しては裁定機会が存在する場合の裁定利益を提供する。

1．①アービトラージャー　②スペキュレーター　③ヘッジャー
2．①スペキュレーター　②アービトラージャー　③ヘッジャー
3．①スペキュレーター　②ヘッジャー　③アービトラージャー
4．①ヘッジャー　②スペキュレーター　③アービトラージャー

[問題90] □ □ □ □

コール・オプションにおいて、下記の（A）～（C）の状態のとき、①～③に当てはまる記号の組み合わせとして正しいものの番号を1つマークしなさい。

（A）アット・ザ・マネー　　　　　原資産価格　①　権利行使価格
（B）イン・ザ・マネー　　　　　　原資産価格　②　権利行使価格
（C）アウト・オブ・ザ・マネー　原資産価格　③　権利行使価格

1．①<　②>　③＝
2．①＝　②<　③>
3．①>　②＝　③>
4．①＝　②>　③<

解答

[問題89]　4　　　　　　　　　　　　　　　　　　　　　　　テ215

正しい文章は、次のとおりとなる。

　先物取引の持つ価格変動リスクの移転機能は、市場での取引を通じて、相互に逆方向のリスクを持つ（①<u>ヘッジャー</u>）の間でリスクが移転され合う又は、（①<u>ヘッジャー</u>）から（②<u>スペキュレーター</u>）にリスクが転嫁されることにより果たされる。

　先物市場は、（①<u>ヘッジャー</u>）に対してはリスク回避の手段を、（②<u>スペキュレーター</u>）に対しては投機利益の獲得機会を、（③<u>アービトラージャー</u>）に対しては裁定機会が存在する場合の裁定利益を提供する。

[問題90]　4　　　　　　　　　　　　　　　　　　　　　　　テ221

コール・オプションにおいて、

（A）アット・ザ・マネーとは、<u>原資産価格と権利行使価格が等しい</u>状態をいう。

（B）イン・ザ・マネーとは、<u>原資産価格が権利行使価格を上回る</u>状態で、権利行使したとき、手に入る金額がプラス（権利行使する）の状態をいう。

（C）アウト・オブ・ザ・マネーとは、<u>原資産価格が権利行使価格を下回る</u>状態で権利行使しても何も手に入らない（権利放棄する）状態をいう。

問題

[問題91] ☐ ☐ ☐ ☐

コール・オプション、プット・オプションがそれぞれ次の表に示したような状態になったとき、それぞれのオプションの原資産価格と権利行使価格の関係を正しく記述しているものはどれか。正しいものの番号を1つマークしなさい。

	コール・オプション	プット・オプション
イン・ザ・マネー	①	②
アット・ザ・マネー	原資産価格＝権利行使価格	
アウト・オブ・ザ・マネー	③	④

1. ①原資産価格＞権利行使価格　②原資産価格＞権利行使価格
　　③原資産価格＞権利行使価格　④原資産価格＞権利行使価格
2. ①原資産価格＞権利行使価格　②原資産価格＞権利行使価格
　　③原資産価格＜権利行使価格　④原資産価格＜権利行使価格
3. ①原資産価格＞権利行使価格　②原資産価格＜権利行使価格
　　③原資産価格＜権利行使価格　④原資産価格＞権利行使価格
4. ①原資産価格＜権利行使価格　②原資産価格＞権利行使価格
　　③原資産価格＞権利行使価格　④原資産価格＜権利行使価格

[問題92] ☐ ☐ ☐ ☐

次の表の空欄に入る言葉の組み合せとして、正しいものはどれか。正しいものの番号を1つマークしなさい。

原資産価格	コール・プレミアム	プット・プレミアム
上　昇	（　①　）	（　②　）
下　落	下　落	（　③　）

1. ①上昇　　②上昇　　③下落
2. ①上昇　　②下落　　③上昇
3. ①下落　　②上昇　　③上昇
4. ①上昇　　②上昇　　③上昇

解答

[問題91]　3　　　　　　　　　　　　　　　　　　　　　テ221

	コール・オプション	プット・オプション
イン・ザ・マネー	①原資産価格 > 権利行使価格	②原資産価格 < 権利行使価格
アット・ザ・マネー	原資産価格 = 権利行使価格	
アウト・オブ・ザ・マネー	③原資産価格 < 権利行使価格	④原資産価格 > 権利行使価格

[問題92]　2　　　　　　　　　　　　　　　　　　　　　テ224

　コールの場合、原資産価格が上昇すると、権利行使価格を超える可能性が高くなるため、プレミアムは上昇する。プットはその逆となる。

原資産価格	コール・プレミアム	プット・プレミアム
上　昇	①上　昇	②下　落
下　落	下　落	③上　昇

[問題93] ☐ ☐ ☐ ☐

次の表の空欄に入る言葉の組み合せとして正しいものはどれか。正しいものの番号を1つマークしなさい。

ボラティリティ	コール・プレミアム	プット・プレミアム
上　昇	（　①　）	（　②　）
下　落	（　③　）	下　落

1．①上昇　②上昇　③下落
2．①上昇　②下落　③上昇
3．①下落　②上昇　③上昇
4．①上昇　②上昇　③上昇

[問題94] ☐ ☐ ☐ ☐

オプション・プレミアムの各要因に対する感応度について述べた次の文章のうち、誤っているものの番号を1つマークしなさい。

1．オプションのガンマとは、原資産価格の微小変化に対するデルタの変化の比のことを指す。
2．オプションのベガとは、原資産価格の微小変化に対するプレミアムの変化の比のことを指す。
3．オプションのセータとは、満期までの残存期間の微小変化に対するプレミアムの変化の比のことを指す。
4．オプションのローとは、短期金利の微小変化に対するプレミアムの変化の比のことを指す。

解答

[問題93]　1　　　　　　　　　　　　　　　　　　　　テ225

　ボラティリティが上昇することは、コール、プットを問わず権利行使の機会
の拡大を意味し、プレミアムは高くなる。

ボラティリティ	コール・プレミアム	プット・プレミアム
上　　昇	①上　　昇	②上　　昇
下　　落	③下　　落	下　　落

[問題94]　2　　　　　　　　　　　　　　　　　　　テ225～226

1．○
2．×　オプションのベガとは、ボラティリティの微小変化に対するプレミ
　　　　アムの変化の比を表す指標である。問題文は、デルタの記述である。
3．○
4．○

[問題95] ☐ ☐ ☐ ☐

次の文章について、正しいものはどれか。正しい記述に該当するものをイ～
ハから選んでいる選択肢の番号を１つマークしなさい。

イ．オプションのガンマとは、原資産価格の微小変化に対するプレミアムの
　　変化（⊿プレミアム）の比のことを指す。
ロ．オプションのオメガとは、原資産価格の変化率に対するプレミアムの変
　　化率の割合を指す。
ハ．コールの買いのデルタは０～１、プットの買いのデルタは－１～０の範
　　囲で動く。

１．正しいのはイ及びロであり、ハは正しくない。
２．正しいのはイ及びハであり、ロは正しくない。
３．正しいのはロ及びハであり、イは正しくない。
４．イ、ロ及びハすべて正しい。

[問題96] ☐ ☐ ☐ ☐

次の表は、権利行使価格100円、プレミアム１円のプット・オプションの売方
の満期時における市場価格と損益を表している。表中の（　　）に当てはまる
数字の組合せとして正しいものはどれか。正しいものの番号を１つマークしな
さい。

なお、取引コストは考慮しないものとする。

満期時の市場価格	98	99	100	101	102
損　益	（イ）	（ロ）	（ハ）	（ニ）	（ホ）

1．（イ）－1　（ロ）0　（ハ）　1　（ニ）　1　（ホ）　1
2．（イ）－1　（ロ）0　（ハ）　1　（ニ）　2　（ホ）　3
3．（イ）　1　（ロ）0　（ハ）－1　（ニ）－1　（ホ）－1
4．（イ）　1　（ロ）1　（ハ）　1　（ニ）　0　（ホ）－1

解答

［問題95］　3　　　テ225〜227

イ．×　オプションのガンマとは、原資産価格の微小変化に対するデルタの変化の比のことを指す。問題文は、デルタの記述である。

ロ．○　なお、原資産価格の「変化」ではなく、「変化率」で、原資産の投資収益率に当たる。

ハ．○

［問題96］　1　　　テ229

プットの売り

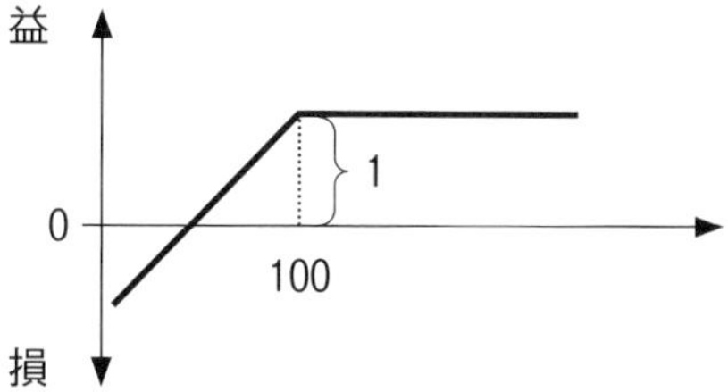

満期時の市場価格	98	99	100	101	102
損　益	－1	0	1	1	1

[問題97] ☐ ☐ ☐ ☐

次の文章について、正しいものはどれか。正しい記述に該当するものをイ〜
ハから選んでいる選択肢の番号を1つマークしなさい。

イ．わが国では長期国債先物取引は、東京証券取引所及び大阪取引所で取引
　される。

ロ．長期国債先物取引の売買単位は、額面1億円である。

ハ．長期国債先物取引の受渡決済を行う際に用いる受渡適格銘柄は、売方に
　銘柄の選択権がある。

1．正しいのはイ及びロであり、ハは正しくない。

2．正しいのはイ及びハであり、ロは正しくない。

3．正しいのはロ及びハであり、イは正しくない。

4．イ、ロ及びハすべて正しくない。

[問題98] ☐ ☐ ☐ ☐

次の文章は、国債先物取引に関する記述である。それぞれの（　　）に当て
はまる語句の組み合せとして、a 〜 g から正しく選んでいるものの番号を1
つマークしなさい。

・（　①　）とは、利率と償還期限を常に一定とする架空の債券である。わが国
　の国債先物取引は、すべてこの（　①　）を対象商品としている。そして、
　期間満了の場合の受渡決済では、適格となる銘柄を複数定める（　②　）方
　式によっている。

・国債先物取引は、期限日までに反対売買をして（　③　）することもできる
　し、期間満了で（　④　）することもできる。

a．受渡適格銘柄　　b．コンバージョン・ファクター　　c．標準物

d．リオープン　　　e．差金決済

f．現渡し・現引きによる受渡決済　　g．バスケット

1．①はa　②はb　③はe　④はf

2．①はa　②はd　③はf　④はe

3．①はc　②はa　③はe　④はf

4．①はc　②はg　③はe　④はf

解答

[問題97]　3　　　　　　　　　　　　　　　　〒248、255

イ．✕　長期国債先物取引は、<u>大阪取引所（OSE）でのみ</u>取引が行われている。

ロ．○

ハ．○

[問題98]　4　　　　　　　　　　　　　　　　〒254～255

正しい文章は、次のとおりとなる。

・（① <u>c.　標準物</u>）とは、利率と償還期限を常に一定とする架空の債券である。わが国の国債先物取引は、すべてこの（① <u>c.　標準物</u>）を対象商品としている。そして、期間満了の場合の受渡決済では、適格となる銘柄を複数定める（② <u>g.　バスケット</u>）方式によっている。

・国債先物取引は、期限日までに反対売買をして（③ <u>e.　差金決済</u>）することもできるし、期間満了で（④ <u>f.　現渡し・現引きによる受渡決済</u>）することもできる。

[問題99]　□ □ □ □

　次の文章のうち、「長期国債先物取引」に関する記述として正しいものはどれ
か。正しい記述に該当するものをイ～ハから選んでいる選択肢の番号を１つ
マークしなさい。

　イ．対象商品は、利率年３％、償還期限５年の長期国債標準物である。
　ロ．取引最終日は、受渡決済期日の７営業日前とされている。
　ハ．新限月の取引開始日は、直近限月の取引最終日の翌営業日である。

　１．正しいのはイのみであり、ロ及びハは正しくない。
　２．正しいのはロのみであり、イ及びハは正しくない。
　３．正しいのはハのみであり、イ及びロは正しくない。
　４．イ、ロ及びハすべて正しくない。

[問題100]　□ □ □ □

　現在、Ａさんは長期国債現物を額面10億円保有している。長期国債現物の価
格は現在108.00円、長期国債先物の価格は142.00円であるが、先行き金利が上
昇し債券相場が値下がりすることが懸念されている。１ヵ月後、懸念したとお
り金利は上昇、長期国債現物の価格は値下がりし104.00円、長期国債先物価格
は138.00円になった。しかし、２ヵ月後には、長期国債現物価格は108.50円、
長期国債先物価格は142.20円に値上がりした。この場合、Ａさんが下記の投資
を行った場合に、結果として最も収益をあげる投資方法を記述している選択肢
の番号を１つマークしなさい。
　（注）　手数料、税金等は考慮しないものとする。

　１．直ちに保有する長期国債現物と同額面の長期国債先物を売り、２ヵ月後
　　　に長期国債先物を全額買戻し長期国債現物も全額売却した。
　２．直ちに保有する長期国債現物と同額の長期国債先物を売り、１ヵ月後に
　　　長期国債先物を全額買戻し、長期国債現物も全額売却した。
　３．１ヵ月後に長期国債現物と同額の長期国債先物を売り、２ヵ月後に長期国
　　　債先物を全額買戻し、長期国債現物も全額売却した。
　４．１ヵ月後に長期国債現物と同額の長期国債先物を買い、２ヵ月後に長期国
　　　債先物を全額売却し、長期国債現物も全額売却した。

解答

[問題99]　3　　　　　　　　　　　　　　　　　　　　　テ255

イ．✕　対象商品は、<u>利率年6％、償還期限10年</u>の長期国債標準物である。

ロ．✕　取引最終日は、受渡決済期日の<u>5営業日前</u>とされている。

ハ．○

[問題100]　4　　　　　　　　　　　　　　　　　　　　テ256

	長期国債現物	長期国債先物
現在の価格	108.00円	142.00円
1ヵ月後の価格	104.00円	138.00円
2ヵ月後の価格	108.50円	142.20円

①<u>長期国債現物</u>は、108.00円で保有しているため、最も高い<u>2ヵ月後の108.50円で売却</u>すると、最も収益を獲得できる。

②<u>長期国債先物</u>は、最も安い<u>1ヵ月後の138.00円で買い建て</u>、最も高い<u>2ヵ月後の142.20円で転売</u>すると、最も収益を獲得できる。

　したがって、上記①及び②を組み合わせた投資を行っているのは、選択肢4である。

[問題101]　□□□□

10年長期国債現物を額面10億円保有している顧客が、今後の金利上昇を懸念して、同額面の長期国債先物を売り建てることにした。現在の現物の価格は104.60円、先物価格は142.30円である。その後、先物価格が139.60円になったところで買い戻した場合の損益として、正しいものはどれか。正しいものの番号を1つマークしなさい。なお、手数料、税金等は考慮しないものとする。

1．3億4,000万円の損失
2．　3,400万円の損失
3．　2,700万円の損失
4．　2,700万円の利益

[問題102]　□□□□

現在、長期国債先物の期近物は111.50円、期先物は111.00円だとする。今後金利水準の低下が予想され、スプレッドが広がると思われるので、このスプレッドの買いを行った。

その後、期近物は115.00円、期先物は114.30円になった時点で反対売買を行った。その損益及びスプレッドの組み合わせとして正しいものはどれか。正しいものの番号を1つマークしなさい。

（注）　委託手数料、税金は考慮しないものとする。

	期近物	期先物	スプレッド
開始時	買建て　　111.50円	売建て　　111.00円	（　　ハ　　）
終了時	転　売　　115.00円	買戻し　　114.30円	（　　ニ　　）
損　　益	（　　イ　　）	（　　ロ　　）	

1．（イ）＋3.50円　（ロ）＋3.30円　（ハ）−0.50円　（ニ）　0.70円
2．（イ）＋3.50円　（ロ）−3.30円　（ハ）　0.50円　（ニ）　0.70円
3．（イ）−3.50円　（ロ）＋3.30円　（ハ）−0.50円　（ニ）−0.70円
4．（イ）−3.50円　（ロ）−3.30円　（ハ）　0.50円　（ニ）−0.70円

解答

[問題101]　4

〒257

本問の場合、現物価格は考慮する必要はない。

$$(142.30円-139.60円)\times\frac{1億円}{100円}\times10単位=2,700万円$$

したがって、2,700万円の利益となる。

[問題102]　2

〒257

	期近物	期先物	スプレッド
開始時 終了時	買建て　111.50円 転　売　115.00円	売建て　111.00円 買戻し　114.30円	（ハ）　0.50円 （ニ）　0.70円
損　益	（イ）　＋3.50円	（ロ）　－3.30円	

（イ）転売115.00円－買建て111.50円＝＋3.50円

（ロ）売建て111.00円－買戻し114.30円＝－3.30円

（ハ）開始時の期近物と期先物のスプレッドは差額を表示＝0.50円

（ニ）終了時の期近物と期先物のスプレッドは差額を表示＝0.70円

[問題103] □ □ □ □

　長期国債先物を100円で額面10億円買い建てた。対応する証拠金所要額は6,000万円と計算され、全額代用有価証券で差し入れたとする。翌日、長期国債先物の清算値段が98円50銭に下落し、代用有価証券に200万円の評価損が出た場合、差し入れる証拠金について述べた次の文章のうち、正しいものの番号を1つマークしなさい。

　なお、建玉残10単位に対する証拠金所要額は6,000万円で変わらなかったものとする。

1．証拠金を差し入れる必要があり、先物建玉の評価損及び代用有価証券の値下がり分については、全額有価証券で代用できる。

2．証拠金を差し入れる必要があり、先物建玉の評価損及び代用有価証券の値下がり分については、全額現金で差し入れる必要がある。

3．証拠金を差し入れる必要があり、代用有価証券の値下がり分は全額現金で差し入れる必要があるが、先物建玉の評価損は、全額有価証券で代用できる。

4．証拠金を差し入れる必要があり、先物建玉の評価損は全額現金で差し入れる必要があるが、代用有価証券の値下がり分は全額有価証券で代用できる。

解答

[問題103] 4 〒258

　先物建玉の評価損による証拠金不足は、「現金不足額」として全額現金で差し入れる必要がある。代用有価証券の値下がりによる証拠金不足は、証拠金不足額として全額有価証券で代用できる。

　本問の場合、1,500万円は現金で差し入れる必要があるが、200万円は有価証券で代用できる。

　計算は下記の通り。
　値洗後の差入証拠金＝現金＋代用有価証券
　　　　　　　　　　＝0＋(6,000万円－200万円)
　　　　　　　　　　＝5,800万円
　計算上の損益額　(98円50銭－100円)×1億円÷100円×10単位
　　　　　　　　　＝▲1,500万円
　先物決済損益等　　0万円
　受入証拠金＝値洗後の差入証拠金＋計算上の損益額＋先物決済損益等
　　　　　　＝5,800万円－1,500万円＋0
　　　　　　＝4,300万円
　証拠金所要額＝6,000万円
　証拠金余剰・不足額＝受入証拠金－証拠金所要額
　　　　　　　　　　＝4,300万円－6,000万円
　　　　　　　　　　＝▲1,700万円
　証拠金不足の発生により1,700万円を差し入れる必要がある。
　このうち現金で差し入れる必要があるのは、以下の現金余剰・不足額である。
　現金余剰・不足額＝差入証拠金の現金＋計算上の損益額＋先物決済損益等
　　　　　　　　　＝0－1,500万円＋0
　　　　　　　　　＝▲1,500万円
　残金200万円(1,700万円－1,500万円)は、有価証券で代用できる。

問題

[問題104] ☐ ☐ ☐ ☐

次の文章のうち、「長期国債先物オプション取引」に関する記述として正しいものはどれか。正しい記述に該当するものをイ～ハから選んでいる選択肢の番号を１つマークしなさい。

イ．長期国債先物オプション取引の取引単位は、１契約当たり長期国債先物取引の額面1,000万円分である。

ロ．取引開始日から取引最終日までいつでも権利行使可能なヨーロピアン・タイプである。

ハ．取引最終日までに権利行使されなかった場合、イン・ザ・マネー銘柄については、その権利は消滅する。

1．正しいのはイのみであり、ロ及びハは正しくない。
2．正しいのはロのみであり、イ及びハは正しくない。
3．正しいのはハのみであり、イ及びロは正しくない。
4．イ、ロ及びハすべて正しくない。

[問題105] ☐ ☐ ☐ ☐

次の文章の（　）の中に入る語句の組み合わせとして正しいものはどれか。正しいものの番号を１つマークしなさい。

「金利スワップ」とは、取引者Ａと取引者Ｂが（ ① ）で変動金利と固定金利、変動金利と異種の変動金利、固定金利若しくは変動金利と一定のインデックス（参照指標）を交換する取引である。また、元本の交換は（ ② ）。

1．①同一通貨間　　②行われない
2．①異なる通貨間　②行われない
3．①異なる通貨間　②行われる
4．①同一通貨間　　②行われる

解答

[問題104]　4　　　　　　　　　　　　　　　　　　㊉221、248、261

イ．✕　長期国債先物オプション取引の取引単位は、1契約当たり長期国債
先物取引の<u>額面1億円分</u>である。

ロ．✕　取引開始日から取引最終日までいつでも権利行使可能な<u>アメリカ
ン・タイプ</u>である。ヨーロピアン・タイプは、満期日のみに権利行
使できるものである。

ハ．✕　取引最終日までに権利行使されなかった場合、イン・ザ・マネー銘
柄については、<u>権利を放棄しない限り自動的に権利行使され、長期
国債先物取引が成立する</u>。

[問題105]　1　　　　　　　　　　　　　　　　　　　　　　㊉263

正しい文章は、次のとおりとなる。

「金利スワップ」とは、取引者Aと取引者Bが（①<u>同一通貨間</u>）で変動金利
と固定金利、変動金利と異種の変動金利、固定金利若しくは変動金利と一定の
インデックス（参照指標）を交換する取引である。また、元本の交換は（②<u>行
われない</u>）。

【問題106】 ☐ ☐ ☐ ☐

次の文章について、正しいものはどれか。正しい記述に該当するものをイ〜ハから選んでいる選択肢の番号を1つマークしなさい。

イ．「スワップション」とは、将来のスワップを行う「権利」を売買するオプション取引のことであり、金利スワップにスワップションを組み合わせることによって、中途（スワップションの満期時点）でのキャンセルも可能になる。

ロ．「キャップ」とは、変動金利を対象としたコール・オプション取引で、将来の市場金利上昇リスクのヘッジが可能となる。

ハ．「フロア」とは、将来の市場金利低下による保有金利資産の受取り金利収入の減少に備えるヘッジ取引である。

1．正しいのはイ及びロであり、ハは正しくない。
2．正しいのはイ及びハであり、ロは正しくない。
3．正しいのはロ及びハであり、イは正しくない。
4．イ、ロ及びハすべて正しい。

【問題107】 ☐ ☐ ☐ ☐

次の文章の（　　）の中に入る語句の組み合わせとして正しいものはどれか。正しいものの番号を1つマークしなさい。

「通貨スワップ」とは、取引者Aと取引者Bが、異なる通貨のキャッシュ・フロー（元金及び金利）を、あらかじめ合意した（ ① ）で交換する取引である。元本交換のない、金利の交換のみを行う場合は、「（ ② ）」と呼ばれている。
「為替スワップ」は、スポット取引と同額でかつ逆の（ ③ ）を同時に行う取引である。

1．①為替レート　　　②スワップション　　　③フューチャー取引
2．①為替レート　　　②クーポン・スワップ　③フォワード取引
3．①為替レート　　　②クーポン・スワップ　③フューチャー取引
4．①スワップレート　②クーポン・スワップ　③フォワード取引

解答

[問題106]　4　　　　　　　　　　　　　　　　　　　　　　テ265〜266

イ．○　なお、中途でのキャンセルも可能な金利スワップをキャンセラブ
　　　　ル・スワップという。

ロ．○

ハ．○

[問題107]　2　　　　　　　　　　　　　　　　　　　　　　　　テ267

正しい文章は、次のとおりとなる。

　「通貨スワップ」とは、取引者Aと取引者Bが、異なる通貨のキャッシュ・
フローを、あらかじめ合意した（①為替レート）で交換する取引である。元本
交換のない、金利の交換のみを行う場合は、「（②クーポンスワップ）」と呼ばれ
ている。
　「為替スワップ」は、スポット取引と同額でかつ逆の（③フォワード取引）を
同時に行う取引である。

[問題108] ☐ ☐ ☐ ☐

次の文章の（　　）の中に入る語句の組み合わせとして、正しいものはどれか。正しいものの番号を1つマークしなさい。

「クレジット・デフォルト・スワップ（CDS）」は、（　①　）が発生したとき、ペイオフが発生するデリバティブをいう。

プロテクション・バイヤー {リスクを（　②　)} がプロテクション・セラーに定期的に固定金利（「プレミアム」又は「保険料」ともいう）を支払い、その見返りとして、契約期間中に参照企業に（　①　）が発生した場合に、損失に相当する金額を、（　③　）から受け取る取引である。

1. ①クレジット・イベント　②ヘッジする側　③プロテクション・バイヤー
2. ①サーベラス・イベント　②取る側　　　③プロテクション・バイヤー
3. ①クレジット・イベント　②取る側　　　③プロテクション・セラー
4. ①クレジット・イベント　②ヘッジする側　③プロテクション・セラー

解答

[問題108]　4　^テ269

正しい文章は、次のとおりとなる。

「クレジット・デフォルト・スワップ（CDS）」とは、（①クレジット・イベント）が発生したとき、ペイオフが発生するデリバティブをいう。

プロテクション・バイヤー｛リスクを（②ヘッジする側）｝がプロテクション・セラーに定期的に固定金利（「プレミアム」又は「保険料」ともいう）を支払い、その見返りとして、契約期間中に参照企業に（①クレジット・イベント）が発生した場合に、損失に相当する金額を、（③プロテクション・セラー）から受け取る取引である。

[問題109] ☐ ☐ ☐ ☐

次の文章について、①降雪日数が2日の場合、②降雪日数が25日の場合の、それぞれの補償金受取総額として正しいものはどれか。正しいものの組み合わせの番号を1つマークしなさい。

降雪によって来客数が減少する恐れのある小売業が以下のような条件の契約を結んだ。

【契約内容】
・契約目的：降雪日数が平年に比べ多い場合の売上減少のリスク
・観測期間：12月1日～2月28日（3ヵ月間）
・観測対象日：観測期間中の土曜日、日曜日、祝日（合計33日）
・観測指標：降雪量（対象日のうち、5cm以上の降雪があった日数）（以下、降雪日数）
・ストライク値：3日
・補償金額：1日当たり100万円
・補償金受取総額上限：1,000万円
・ペイオフ：降雪日数がストライク値（3日）を上回る場合に、「（降雪日数－ストライク値）×補償金額（1日あたり100万円）」が補償金受取総額上限（1,000万円）を限度に支払われる。降雪日数がストライク値に等しいか、それを下回る場合には支払金額は0である。

1．①100万円　②1,700万円
2．①100万円　②1,000万円
3．① 0万円　②1,500万円
4．① 0万円　②1,000万円

解答

[問題109]　4　　　　　　　　　　　　　　　　　　　テ272

①降雪日数が２日の場合

ストライク値を下回るため、補償金額は０円。

∴ <u>０円</u>

②降雪日数が25日の場合

（降雪日数－３日）×100万円

（25日－３日）×100万円＝2,200万円＞1,000万円

∴<u>1,000万円</u>

模擬想定問題 1

本試験と同一レベル・同一配分で作成した模擬想定問題を掲載しています。学習の総括として、ぜひチャレンジしてください。

また、専用の解答用紙を設けましたので、ご利用ください。

【試験の形式について】

・実際の試験は、ＰＣによる入力方式となります（電卓はＰＣの電卓を用います）。

・問題数は計45問（○×方式25問、四肢選択方式20問）です。

・配点は○×方式各５点、四肢選択方式各10点。

・解答時間は１時間40分です。

・合否は325点満点のうち、７割（230点以上）の得点で合格となります。

模擬想定問題　1　解答用紙

問	1 ○	2 ×	3	4		問	1 ○	2 ×	3	4
1	⬚	⬚				24	⬚	⬚	⬚	⬚
2	⬚	⬚				25	⬚	⬚	⬚	⬚
3	⬚	⬚				26	⬚	⬚	⬚	⬚
4	⬚	⬚				27	⬚	⬚	⬚	⬚
5	⬚	⬚	⬚	⬚		28	⬚	⬚		
6	⬚	⬚	⬚	⬚		29	⬚	⬚		
7	⬚	⬚				30	⬚	⬚		
8	⬚	⬚				31	⬚	⬚		
9	⬚	⬚				32	⬚	⬚		
10	⬚	⬚				33	⬚	⬚		
11	⬚	⬚				34	⬚	⬚		
12	⬚	⬚	⬚	⬚		35	⬚	⬚		
13	⬚	⬚	⬚	⬚		36	⬚	⬚		
14	⬚	⬚	⬚	⬚		37	⬚	⬚		
15	⬚	⬚	⬚	⬚		38	⬚	⬚		
16	○					39	⬚	⬚		
17	⬚	⬚				40	⬚	⬚	⬚	⬚
18	⬚	⬚				41	⬚	⬚	⬚	⬚
19	⬚	⬚	⬚	⬚		42	⬚	⬚	⬚	⬚
20	⬚	⬚	⬚	⬚		43	⬚	⬚	⬚	⬚
21	⬚	⬚				44	⬚	⬚	⬚	⬚
22	⬚	⬚				45	⬚	⬚	⬚	⬚
23	⬚	⬚								

【配点：○×方式各5点、四肢選択方式各10点】　計　　　　点（　　月　　日解答）

模擬想定問題　1

【金融商品取引法】
　次の文章について、正しい場合は○へ、正しくない場合は×の方へマークしなさい。

問1. いったん登録された外務員は、いかなる場合も登録を取り消されることはない。

問2. 適合性の原則とは、「顧客の知識、経験、財産の状況及び金融商品取引契約を締結する目的に照らして不適当と認められる勧誘を行って投資者の保護に欠けることのないように業務を行わなければならない」ことをいう。

問3. 金融商品取引業者等は、有価証券の売買等について、顧客に損失が生ずることとなった場合にこれを補塡する行為を行ってはならないが、損失を補塡する旨をあらかじめ約束する行為は禁止行為に当たらない。

問4. 上場会社の業務等に関する重要事実には、「資本金の額の減少」「合併」「代表取締役の解任・選任」「主要株主の異動」などが含まれる。

【金融商品取引法】
問5. 次の文章について、正しいものはどれか。正しい記述に該当するものをイ～ハから選んでいる選択肢の番号を1つマークしなさい。

イ. 金融商品取引業者等は、断定的判断の提供をして勧誘することは禁じられているが、結果としてそれが顧客の利益につながった場合は違法行為とならない。
ロ. 金融商品取引業者等は、有価証券の売買等に関する顧客の注文について、最良の取引の条件で執行するための方針（最良執行方針等）を定め、公表し、これに従って執行しなければならない。
ハ. 金融商品取引業者等は、金融商品取引契約を締結しようとするときには、内閣府令で定めるところにより、契約後遅滞なく、必要事項を記載した書面を顧客に交付しなければならない。

1. 正しいのはイのみであり、ロ及びハは正しくない。
2. 正しいのはロのみであり、イ及びハは正しくない。
3. 正しいのはハのみであり、イ及びロは正しくない。
4. イ、ロ及びハすべて正しくない。

【金融商品取引法】

問6.「企業内容等開示制度」に関する次の文章のうち、正しいものはどれか。正しい記述に該当するものをイ〜ハから選んでいる選択肢の番号を1つマークしなさい。

イ．発行会社による届出を内閣総理大臣が受理すると、原則として、その日から15日を経過した日にその効力が発生する。

ロ．国債証券、地方債証券、金融債及び政府保証債については、企業内容等開示制度の適用はない。

ハ．有価証券の募集又は売出しの届出をすれば、届出の効力発生前でも当該有価証券を顧客に取得させ又は売り付けることができる。

1．正しいのはイ及びロであり、ハは正しくない。
2．正しいのはイ及びハであり、ロは正しくない。
3．正しいのはロ及びハであり、イは正しくない。
4．イ、ロ及びハすべて正しい。

【金融商品の勧誘・販売に関係する法律】

次の文章について、正しい場合は○へ、正しくない場合は×の方へマークしなさい。

問7. 金融サービスの提供及び利用環境の整備等に関する法律において、金融商品販売業者等が重要事項の説明を行う場合は、口頭によるものでなくてはならない。

問8. 消費者契約法において、事業者自らが直接販売せず、媒介により委託を受けた者が勧誘した場合は、消費者契約法は適用されない。

【金融商品の勧誘・販売に関係する法律】

問9． 次の文章について、正しいものはどれか。正しい記述に該当するものをイ～ハから選んでいる選択肢の番号を1つマークしなさい。

イ．「犯罪による収益の移転防止に関する法律」において、協会員は、顧客に有価証券を取得させることを内容とする契約を締結する際は、最初に顧客の取引時確認を行わなければならない。

ロ．「犯罪による収益の移転防止に関する法律」において、なりすましの疑いがある取引については、本人特定事項について当初行った確認とは異なる方法による本人確認が必要となる。

ハ．「犯罪による収益の移転防止に関する法律」において、協会員は、疑わしい取引の届出を行おうとする場合は、そのことを、当該疑わしい取引の届出に係る顧客に報告しなければならない。

1．正しいのはイ及びロであり、ハは正しくない。
2．正しいのはイ及びハであり、ロは正しくない。
3．正しいのはロ及びハであり、イは正しくない。
4．イ、ロ及びハすべて正しい。

【協会定款・諸規則】

次の文章について、正しい場合は○へ、正しくない場合は×の方へマークしなさい。

問10． 協会員は、当該協会員にとって新たな有価証券等の販売を行うに当たっては、当該有価証券等に適合する顧客が想定できないものは、当該有価証券等の特性やリスクについて顧客が理解できるように十分説明して、販売しなければならない。

問11． 協会員は、顧客から有価証券の売買その他の取引等の注文があった場合において、仮名取引であることを知りながら当該注文を受けてはならない。

問12. 次のうち、「顧客カード」に記載すべき事項として正しいものはどれか。正しい記述に該当するものをイ〜ホから選んでいる選択肢の番号を1つマークしなさい。

イ．本籍地　　　　　　ロ．職業　　　　　ハ．最終学歴
ニ．投資経験の有無　　ホ．投資目的

1．正しいのはイ、ロ及びニであり、ハ及びホは正しくない。
2．正しいのはイ、ニ及びホであり、ロ及びハは正しくない。
3．正しいのはロ、ハ及びニであり、イ及びホは正しくない。
4．正しいのはロ、ニ及びホであり、イ及びハは正しくない。

問13. 次の文章について、正しいものはどれか。正しい記述に該当するものをイ〜ハから選んでいる選択肢の番号を1つマークしなさい。

イ．特別会員は、有価証券関連市場デリバティブ取引、選択権付債券売買取引、有価証券関連店頭デリバティブ取引、特定店頭デリバティブ取引及び商品関連市場デリバティブ取引のある顧客に対して1年に1回以上の頻度で照合通知書により報告しなければならない。
ロ．照合通知書は、郵送することが原則であるが、直ちに顧客に交付できる状態である場合に、これを当該顧客に店頭で直接交付するときは、この限りではない。
ハ．顧客が取引残高報告書を定期的に交付し又は通帳方式により通知している顧客であり、当該取引残高報告書又は当該通帳に照合通知書に記載すべき項目を記載している場合には、照合通知書の作成・交付が免除される。

1．正しいのはイ及びロであり、ハは正しくない。
2．正しいのはイ及びハであり、ロは正しくない。
3．正しいのはロ及びハであり、イは正しくない。
4．イ、ロ及びハすべて正しい。

【協会定款・諸規則】

問14. 次の文章について、正しいものはどれか。正しい記述に該当するものをイ〜ハから選んでいる選択肢の番号を1つマークしなさい。

イ．特別会員は、顧客に対して、融資、保証等に関する特別の便宜の提供を約し、登録金融機関業務に係る取引又は当該取引の勧誘を行ってはならない。

ロ．特別会員は、新規顧客、大口取引顧客等からの注文の受託に際しては、あらかじめ当該顧客から買付代金又は売付有価証券の全部又は一部の預託を受ける等、取引の安全性の確保に努めなければならないとされている。

ハ．特別会員は、顧客の投資経験、投資目的、資力等を十分に把握し顧客の意向と実情に適合した投資勧誘を行うよう努めなければならない。

1．正しいのはイ及びロであり、ハは正しくない。
2．正しいのはイ及びハであり、ロは正しくない。
3．正しいのはロ及びハであり、イは正しくない。
4．イ、ロ及びハすべて正しい。

【協会定款・諸規則】

問15. 次の文章のうち、正しいものはどれか。正しい記述に該当するものをイ〜ハから選んでいる選択肢の番号を1つマークしなさい。

イ．協会員は、顧客に対する外国証券の投資勧誘に際しては、顧客の意向、投資経験及び資力等に適合した投資が行われるよう十分配慮しなければならない。

ロ．協会員は、外国証券の取引に関する契約を締結しようとするときは、外国証券取引口座に関する約款を当該顧客に交付し、当該顧客から約款に基づく取引口座の設定に係る申込みを受け、外国証券取引に係る確認書を徴求しなければならない。

ハ．協会員は、外国投資信託証券が選別基準に適合しなくなった場合において、顧客から買戻しの取次ぎ又は解約の取次ぎの注文があったときは、これに応じなければならない。

1．正しいのはイ及びロであり、ハは正しくない。
2．正しいのはイ及びハであり、ロは正しくない。
3．正しいのはロ及びハであり、イは正しくない。
4．イ、ロ及びハすべて正しい。

次の文章について、正しい場合は○へ、正しくない場合は×の方へマークしなさい。

問16. 債券相場にとって、インフレ（物価上昇）はマイナス（下落）要因で、デフレ（物価下落）はプラス（上昇）要因である。

問17. 顧客からはね返り玉の買取りの申し出があった場合、その買取価格は、登録金融機関の社内時価を基準とした適正な価格としなければならない。

【債券業務】

問18. 次の文章のうち、正しいものはどれか。正しい記述に該当するものをイ～ハから選んでいる選択肢の番号を1つマークしなさい。

イ．個人向け国債は、原則として発行後1年間は中途換金することができない。
ロ．個人向け国債は、購入者を個人に限定する国債で、購入単位は1万円以上1万円単位、期間10年のものは変動金利、期間3年及び5年のものは固定金利である。
ハ．個人向け国債は、毎月発行されている。

1．正しいのはイ及びロであり、ハは正しくない。
2．正しいのはイ及びハであり、ロは正しくない。
3．正しいのはロ及びハであり、イは正しくない。
4．イ、ロ及びハすべて正しい。

【債券業務】

問19. 次の文章のうち、「着地取引」に関する記述として正しいものはどれか。正しい記述に該当するものをイ～ハから選んでいる選択肢の番号を1つマークしなさい。

イ．着地取引とは、売買に際して、同種、同量の債券等を、所定期日に所定の価額で反対売買することをあらかじめ取り決めて行う取引である。
ロ．着地取引の対象顧客は、上場会社又はこれに準ずる法人であって、経済的、社会的に信用のあるものに限られる。
ハ．着地取引における約定日から受渡日までの期間は、1ヵ月から6ヵ月までである。

1．正しいのはイ及びロであり、ハは正しくない。
2．正しいのはイ及びハであり、ロは正しくない。
3．正しいのはロ及びハであり、イは正しくない。
4．イ、ロ及びハすべて正しい。

【債券業務】

問20. 利率年1.5％、10年満期の利付国債を100.20円で買付け、4年後に99円で売却した。所有期間利回りはいくらか。正しいものの番号を1つマークしなさい。
（注）答えは、小数第4位以下を切り捨ててある。

1．1.197％　　　2．1.212％　　　3．1.377％　　　4．1.796％

【投資信託及び投資法人に関する業務】
　次の文章について、正しい場合は○へ、正しくない場合は×の方へマークしなさい。

問21. 信託報酬は、所定の率を日割計算し、日々、投資信託財産から運用管理費用として控除される。

問22. オープンエンド型は、投資家が解約できるファンドであり、これにより基金の減少が絶えず行われるが、クローズドエンド型は、解約又は買戻しとこれによる基金の減少が原則として行われないため、基金の資金量が安定している。

問23. 委託者指図型投資信託において、受益証券を発行するのは委託者の業務である。

【投資信託及び投資法人に関する業務】
問24. 次の文章について、正しいものはどれか。正しい記述に該当するものをイ～ハから選んでいる選択肢の番号を1つマークしなさい。

イ．証券投資信託は、投資信託財産総額の2分の1を超える額を有価証券び有価証券関連デリバティブ取引に係る権利に投資する委託者指図型投資信託である。
ロ．委託者指図型投資信託において、分配金や償還金の支払いの取扱いは、受託会社の主な業務である。
ハ．公募投資信託はオーダーメイド的な性格が強いことから、その運用やディスクロージャーに関する規制は、私募投資信託より緩やかになっている。

1．正しいのはイのみであり、ロ及びハは正しくない。
2．正しいのはロのみであり、イ及びハは正しくない。
3．正しいのはハのみであり、イ及びロは正しくない。
4．イ、ロ及びハすべて正しくない。

【投資信託及び投資法人に関する業務】

問25. 次の文章について、正しいものはどれか。正しい記述に該当するものをイ～ハから選んでいる選択肢の番号を1つマークしなさい。

イ．投資信託及び投資法人の投資対象となる特定資産には、有価証券や不動産は含まれるが、デリバティブ取引に係る権利や地上権は含まれない。

ロ．委託者指図型投資信託は、委託者と受託者の間で締結された投資信託契約に基づき、委託者が運用の指図を行い、その受益権を分割して複数の者が取得する。

ハ．委託者指図型投資信託において、投資信託の受託者は、委託者の指示に従って投資信託財産の管理を行う。

1．正しいのはイ及びロであり、ハは正しくない。
2．正しいのはイ及びハであり、ロは正しくない。
3．正しいのはロ及びハであり、イは正しくない。
4．イ、ロ及びハすべて正しい。

【投資信託及び投資法人に関する業務】

問26. 次の文章のうち、「委託者指図型投資信託の投資信託委託会社の業務」に該当するものはどれか。正しい記述に該当するものをイ～ホから選んでいる選択肢の番号を1つマークしなさい。

イ．投資信託約款の届出
ロ．目論見書、運用報告書の顧客への交付
ハ．投資信託財産の運用の指図
ニ．投資信託財産の計算（毎日の基準価額計算）、公表
ホ．投資信託財産の管理

1．イ、ロ及びハ
2．イ、ハ及びニ
3．ロ、ハ及びホ
4．ハ、ニ及びホ

【投資信託及び投資法人に関する業務】

問27. 証券投資信託の運用手法に関する記述のうち正しいものはどれか。次の文中の（イ）～（ニ）にそれぞれ当てはまる語句を下の語群（a～f）から正しく選んでいるものの番号を1つマークしなさい。

　アクティブ運用には、大別して、マクロ経済に対する調査・分析結果でポートフォリオを組成していく（　イ　）と個別企業に対する調査・分析結果の積み重ねでポートフォリオを組成していく（　ロ　）がある。

　さらに、（　ロ　）によるアクティブ運用には、企業の成長性を重視する（　ハ　）や株式の価値と株価水準を比較し、割安と判断される銘柄を中心にする（　ニ　）などがある。

語群：a．パッシブ運用　　　　　　　b．インデックス運用
　　　c．トップダウン・アプローチ　d．ボトムアップ・アプローチ
　　　e．グロース株運用　　　　　　f．バリュー株運用

1．イ＝c、ロ＝d、ハ＝a、ニ＝b
2．イ＝c、ロ＝d、ハ＝e、ニ＝f
3．イ＝c、ロ＝d、ハ＝f、ニ＝e
4．イ＝d、ロ＝c、ハ＝a、ニ＝b

【CP等短期有価証券業務】

　次の文章について、正しい場合は○へ、正しくない場合は×の方へマークしなさい。

問28. 国内CP及び短期社債の売買等の業務を行う登録金融機関は、当該業務に係る経理処理及び有価証券の取扱いは、他の業務と一体として行わなければならない。

【その他の金融商品取引業務】

　次の文章について、正しい場合は○へ、正しくない場合は×の方へマークしなさい。

問29. 協会員は、顧客に対し勧誘を行わずに私募社債の売付け又は売付けの媒介（委託の媒介を含む）を行う場合には、当該注文が当該顧客の意向に基づくものである旨の記録を作成のうえ、整理、保存する等適切な管理を行わなければならない。

【証券市場の基礎知識】

　次の文章について、正しい場合は○へ、正しくない場合は×の方へマークしなさい。

問30. サステナブルファイナンスのうち、環境（Environment）、社会（Social）、ガバナンス（Governance）の3つの要素を投資決定に組み込むことをESG投資という。

問31. 取得されて既発行となった証券が、第1次投資者から、第2次、第3次の投資者に転々と流通（売買）する市場のことを流通市場という。

【セールス業務】
次の文章について、正しい場合は○へ、正しくない場合は×の方へマークしなさい。

問32. 外務員が投資家に対して投資アドバイスを行う際は、合理的な根拠に基づいて十分な説明を行う必要があり、また、投資家の誤解を招かないためにも、その説明内容や使用する資料などは正確でなければならない。

問33. 「顧客本位の業務運営に関する原則」では、各金融機関の置かれた状況に応じて、形式ではなく実質において顧客本位の業務運営が実現できるよう「プリンシプルベース・アプローチ」が採用されている。

【デリバティブ取引】
次の文章について、正しい場合は○へ、正しくない場合は×の方へマークしなさい。

問34. クレジット・デフォルト・スワップ（CDS）でデフォルトが発生した場合は、プロテクション・セラーが損失を補償するが、これをプレミアム・レグという。

問35. 先物取引は、商品の種類、取引単位、満期、決済方法等の条件を、すべて売買の当事者間で任意に定めることができる相対取引であり、先渡取引は、諸条件がすべて標準化された取引所取引である。

問36. 国債先物オプション取引は、満期日のみに権利行使を行うことができるヨーロピアン・タイプである。

問37. 「金利スワップ」とは、取引者Aと取引者Bが、同一通貨間で変動金利と固定金利、変動金利と異種の変動金利、固定金利若しくは変動金利と一定のインデックス（参照指標）を交換する取引である。

問38. キャップの買手は、プレミアム（オプション料）を支払うことで、、変動金利が一定水準を上回った場合は、その差額を売手から受け取ることができ、これにより金利上昇リスクのヘッジが可能となる。

問39. 通貨スワップとは、取引者Aと取引者Bが、異なる通貨のキャッシュフロー（元本及び金利）をあらかじめ合意した為替レートで交換する取引である。

【デリバティブ取引】

問40. 先物取引に関する次の文章のうち、それぞれの（　　）にあてはまる語句の組み合わせとして、正しいものはどれか。正しいものの番号を１つマークしなさい。

　　先物取引の持つ価格変動リスクの移転機能は、市場での取引を通じて、相互に逆方向のリスクを持つ（　①　）の間でリスクが移転され合う又は、（　①　）から（　②　）にリスクが転嫁されることにより果たされる。
　　先物市場は、（　①　）に対してはリスク回避の手段を、（　②　）に対しては投機利益の獲得機会を、（　③　）に対しては裁定機会が存在する場合の裁定利益を提供する。

1．①アービトラージャー　　②スペキュレーター　　　③ヘッジャー
2．①スペキュレーター　　　②アービトラージャー　　③ヘッジャー
3．①スペキュレーター　　　②ヘッジャー　　　　　　③アービトラージャー
4．①ヘッジャー　　　　　　②スペキュレーター　　　③アービトラージャー

【デリバティブ取引】

問41. コール・オプション、プット・オプションがそれぞれ次の表に示したような状態になったとき、それぞれのオプションの原資産価格と権利行使価格との関係を正しく記述しているものはどれか。正しいものの番号を１つマークしなさい。

	コール・オプション	プット・オプション
イン・ザ・マネー	①	②
アット・ザ・マネー	原資産価格＝権利行使価格	原資産価格＝権利行使価格
アウト・オブ・ザ・マネー	③	④

1．①原資産価格＞権利行使価格　　②原資産価格＞権利行使価格
　　③原資産価格＞権利行使価格　　④原資産価格＞権利行使価格
2．①原資産価格＞権利行使価格　　②原資産価格＞権利行使価格
　　③原資産価格＜権利行使価格　　④原資産価格＜権利行使価格
3．①原資産価格＞権利行使価格　　②原資産価格＜権利行使価格
　　③原資産価格＜権利行使価格　　④原資産価格＞権利行使価格
4．①原資産価格＜権利行使価格　　②原資産価格＞権利行使価格
　　③原資産価格＞権利行使価格　　④原資産価格＜権利行使価格

【デリバティブ取引】

問42. 次の表は、権利行使価格105円、プレミアム１円のコール・オプションの売方の満期時における市場価格と損益を表している。表中の（　　）に当てはまる数字の組み合わせとして正しいものはどれか。正しいものの番号を１つマークしなさい。

　　なお、取引コストは考慮しないものとする。

満期時の市場価格	103	104	105	106	107
損　　益	（イ）	（ロ）	（ハ）	（ニ）	（ホ）

1．（イ）　　１　（ロ）　　０　（ハ）－１　（ニ）－１　（ホ）－１
2．（イ）－１　（ロ）　　０　（ハ）　　１　（ニ）　　１　（ホ）　　１
3．（イ）－１　（ロ）－１　（ハ）－１　（ニ）　　０　（ホ）　　１
4．（イ）　　１　（ロ）　　１　（ハ）　　１　（ニ）　　０　（ホ）－１

【デリバティブ取引】

問43. 次の文章は、国債先物取引に関する記述である。それぞれの（　　）に当てはまる語句の組合せとして、a～gから正しく選んでいるものの番号を１つマークしなさい。

・（　①　）とは、利率と償還期限を常に一定とする架空の債券である。わが国の国債先物取引は、すべてこの（　①　）を対象商品としている。そして、期間満了の場合の受渡決済では、適格となる銘柄を複数定める（　②　）方式によっている。
・国債先物取引は、期限日までに反対売買をして（　③　）することもできるし、期間満了で（　④　）することもできる。

a．受渡適格銘柄　　b．コンバージョン・ファクター　　c．標準物
d．リオープン　　　e．差金決済
f．現渡し・現引きによる受渡決済　　g．バスケット

1．①はa　②はb　③はe　④はf
2．①はa　②はd　③はf　④はe
3．①はc　②はa　③はe　④はf
4．①はc　②はg　③はe　④はf

【デリバティブ取引】
問44. 次の文章について、正しいものはどれか。正しい記述に該当するものをイ〜ハから選んでいる選択肢の番号を1つマークしなさい。

イ．長期国債先物取引における売買対象商品は、利率年6％、償還期限10年の長期国債標準物である。
ロ．国債先物取引の受渡決済期日は、各限月の15日である。
ハ．国債先物取引において現物での決済を行う場合、受渡決済する銘柄は、受渡適格銘柄の中から売方が選定する。

1．正しいのはイ及びロであり、ハは正しくない。
2．正しいのはイ及びハであり、ロは正しくない。
3．正しいのはロ及びハであり、イは正しくない。
4．イ、ロ及びハすべて正しい。

【デリバティブ取引】
問45. 長期国債先物を100円で額面10億円買い建てた。対応する証拠金所要額は6,000万円と計算され、全額代用有価証券で差し入れたとする。翌日、長期国債先物の清算値段が98円50銭に下落し、代用有価証券に200万円の評価損が出た場合、差し入れる証拠金について述べた次の文章のうち、正しいものの番号を1つマークしなさい。

　なお、建玉残10単位に対する証拠金所要額は6,000万円で変わらなかったものとする。

1．証拠金を差し入れる必要があり、先物建玉の評価損及び代用有価証券の値下がり分については、全額有価証券で代用できる。
2．証拠金を差し入れる必要があり、先物建玉の評価損及び代用有価証券の値下がり分については、全額現金で差し入れる必要がある。
3．証拠金を差し入れる必要があり、代用有価証券の値下がり分は全額現金で差し入れる必要があるが、先物建玉の評価損は、全額有価証券で代用できる。
4．証拠金を差し入れる必要があり、先物建玉の評価損は全額現金で差し入れる必要があるが、代用有価証券の値下がり分は全額有価証券で代用できる。

模擬想定問題　1　解答・解説

・参照ページは、2024～2025特別会員 証券外務員 学習テキストのページとなっています。

科目	解答		解説	学習テキスト参照ページ
金融商品取引法	問1. ×		内閣総理大臣は、欠格事由のいずれかに該当したときなど一定の場合、外務員登録を取り消し、又は2年以内の期間を定めて職務の停止を命ずることができる。	テ22
	問2. ○			テ27、71
	問3. ×		損失を補填し、又は利益を追加するため財産上の利益をあらかじめ約束する行為も、禁止行為となる。	テ28
	問4. ×		「代表取締役の解任・選任」は、業務等に関する重要事実に当たらない。	テ44
	問5. 2	イ×	結果にかかわらず、断定的判断の提供自体が違法行為となる。	テ31
		ロ○		テ27
		ハ×	金融商品取引契約を締結しようとするときには、あらかじめ、必要事項を記載した書面（契約締結前交付書面）を交付しなければならない。	テ23
	問6. 1	イ○		テ48
		ロ○		テ47
		ハ×	有価証券の募集又は売出しの届出の効力発生前において、当該有価証券を顧客に取得させ又は売り付けることはできない。なお、投資勧誘を行うことはできる。	テ48
金融商品の勧誘・販売に関係する法律	問7. ×		書面の交付による方法でも可能である。	テ56
	問8. ×		媒介により委託を受けた者が勧誘した場合も、消費者契約法は適用される。	テ59
	問9. 1	イ○		テ65
		ロ○		テ65
		ハ×	協会員は、疑わしい取引の届出を行おうとすること又は行ったことを、当該疑わしい取引の届出に係る顧客又はその関係者に漏らしてはならない。	テ66
協会定款・諸規則	問10. ×		当該有価証券等に適合する顧客が想定できないものは、販売してはならない。	テ71
	問11. ○			テ76
	問12. 4	イ×	本籍地は、記載事項ではない。	テ72
		ロ○		
		ハ×	最終学歴は、記載事項ではない。	
		ニ○		
		ホ○		

科目	解答		解説	学習テキスト参照ページ
協会定款・諸規則	問13. 3	イ×	当該取引は、1年に2回以上の頻度で照合通知書により報告しなければならない。	テ82
		ロ○		テ84
		ハ○		テ83
	問14. 4	イ○		テ77
		ロ○		テ77
		ハ○	問題文は、適合性の原則の記述である。	テ71
	問15. 2	イ○		テ100
		ロ×	外国証券取引に係る確認書の徴求は、要求されていない。なお、外国証券の取引に関する契約の締結については、申込書を顧客から受け入れる方法又はその他協会員が定める方法により、当該顧客から申込みを受けた旨が確認できるようにしなければならない。	テ99
		ハ○		テ101
債券業務	問16. ○		インフレ（物価上昇）は、金利上昇、債券価格の下落となるのでマイナス（下落）要因、デフレ（物価下落）は金利下落、債券価格の上昇となるのでプラス（上昇）要因である。	テ177
	問17. ○		なお、債券市場の動向により売却価格が購入時の価格を下回ることもある。	テ180
	問18. 4	イ○		テ167
		ロ○		
		ハ○		
	問19. 3	イ×	着地取引とは、将来の一定の時期に、一定の条件で債券を受渡しすることをあらかじめ取り決めて行う取引で、約定日から1ヵ月以上先に受渡しする場合をいう。問題文は、現先取引の記述である。	テ182〜183
		ロ○		テ183
		ハ○	なお、当該着地取引の顧客が適格機関投資家であることなど、一定の事項をすべて満たす場合は、着地期間を3年までとすることができる。	テ183
	問20. 1		$$所有期間利回り = \frac{利率 + \frac{売却価格 - 購入価格}{所有期間(年)}}{購入価格} \times 100(\%)$$ $$= \frac{1.5 + \frac{99 - 100.20}{4}}{100.20} \times 100 \fallingdotseq 1.197\%$$	テ187
投資信託及び投資法人に関する業務	問21. ○		なお、運用管理費用（信託報酬）は、投資信託委託会社と受託会社が、投資信託財産の中から受け取る。	テ106
	問22. ○		オープンエンド型は、投資家が解約できる、つまり、発行者が発行証券を買い戻すことができるファンドである。	テ114
	問23. ○		なお、ペーパーレス化により、受益権の発生や消滅、移転を振替口座簿の記録により行っている。	テ107、118

科目	解答		解説	学習テキスト参照ページ
投資信託及び投資法人に関する業務	問24. 1	イ〇		テ111
		ロ×	販売会社の主な業務である。	テ120
		ハ×	私募投資信託はオーダーメイド的な性格が強いことから、その運用やディスクロージャーに関する規制は、公募投資信託より緩やかになっている。	テ108
	問25. 3	イ×	投資信託及び投資法人の投資対象となる特定資産には、デリバティブ取引に係る権利や地上権も含まれる。	テ111、147
		ロ〇		テ110
		ハ〇		テ110、119
	問26. 2	イ〇		テ118
		ロ×	委託者指図型投資信託の目論見書、運用報告書の顧客への交付は、販売会社の業務である。	テ120
		ハ〇		テ118
		ニ〇		テ118
		ホ×	投資信託財産の管理は、受託会社の業務である。	テ119
	問27. 2		なお、正しい文章は次のとおりとなる。アクティブ運用には、大別して、マクロ経済に対する調査・分析結果でポートフォリオを組成していく（イ c. トップダウン・アプローチ）と個別企業に対する調査・分析結果の積み重ねでポートフォリオを組成していく（ロ d. ボトムアップ・アプローチ）がある。さらに、（ロ d. ボトムアップ・アプローチ）によるアクティブ運用には、企業の成長性を重視する（ハ e. グロース株運用）や株式の価値と株価水準を比較し、割安と判断される銘柄を中心にする（ニ f. バリュー株運用）などがある。	テ122
CP等短期有価証券業務	問28. ×		当該業務に係る経理処理及び有価証券の取扱いは、他の業務に係る経理処理及び有価証券の取扱いと区分することにより、業務及び財産の状況を明らかにしなければならない。	テ199
その他の金融商品取引業務	問29. 〇			テ207
証券市場の基礎知識	問30. 〇			テ8
	問31. 〇			テ4
セールス業務	問32. 〇			テ154
	問33. 〇			テ159
デリバティブ取引	問34. ×		CDSで、デフォルトが発生した場合は、プロテクション・セラーが損失を補償するが、これをプロテクション・レグという。なお、プレミアム・レグとは、一種の保険料のようにCDSプレミアムを支払い続けることをいう。	テ269

科目	解答	解説	学習テキスト参照ページ
デリバティブ取引	問35. ×	先物取引は、諸条件がすべて標準化された取引所取引であり、先渡取引は、商品の種類、取引単位、満期、決済方法等の条件を、すべて売買の当事者間で任意に定めることができる相対取引（OTCデリバティブ取引）である。	テ219
	問36. ×	長期国債先物オプション取引は、取引開始日から取引最終日までの間いつでも権利行使できるアメリカン・タイプである。	テ221、261
	問37. ○	なお、元本の交換は行われない。また、同一通貨では、固定金利同士を交換する金利スワップは存在しない。	テ263
	問38. ○	なお、キャップは金利上昇リスクのヘッジ取引であり、フロアは金利低下リスクのヘッジ取引である。	テ265
	問39. ○	なお、通貨スワップにおいて、元本交換のない、金利の交換のみを行う場合では、クーポン・スワップと呼ばれている。	テ267
	問40. 4	正しい文章は、次のとおりとなる。 先物取引の持つ価格変動リスクの移転機能は、市場での取引を通じて、相互に逆方向のリスクを持つ（① ヘッジャー）の間でリスクが移転され合う又は、（① ヘッジャー）から（② スペキュレーター）にリスクが転嫁されることにより果たされる。 先物市場は、（① ヘッジャー）に対してはリスク回避の手段を、（② スペキュレーター）に対しては投機利益の獲得機会を、（③ アービトラージャー）に対しては裁定機会が存在する場合の裁定利益を提供する。	テ215
	問41. 3	（下表参照）	テ221
	問42. 4		テ228

問41 解説表:

	コール・オプション	プット・オプション
イン・ザ・マネー	原資産価格>権利行使価格	原資産価格<権利行使価格
アット・ザ・マネー	原資産価格=権利行使価格	原資産価格=権利行使価格
アウト・オブ・ザ・マネー	原資産価格<権利行使価格	原資産価格>権利行使価格

問42 損益分岐点：106円

満期時の市場価格	103	104	105	106	107
損益	1	1	1	0	-1

科目	解答	解説	学習テキスト参照ページ
デリバティブ取引	問43. 4	正しい文章は、次のとおりとなる。 ・（① c. 標準物）とは、利率と償還期限を常に一定とする架空の債券である。わが国の国債先物取引は、すべてこの（① c. 標準物）を対象商品としている。そして、期間満了の場合の受渡決済では、適格となる銘柄を複数定める（② g. バスケット）方式によっている。 ・国債先物取引は、期限日までに反対売買をして（③ e. 差金決済）することもできるし、期間満了で（④ f. 現渡し・現引きによる受渡決済）することもできる。	テ254～255
	問44. 2	イ○ ロ× 国債先物取引の受渡決済期日は、各限月の20日である。 ハ○	テ255
	問45. 4	先物建玉の評価損による証拠金不足は、「現金不足額」として全額現金で差し入れる必要がある。代用有価証券の値下がりによる証拠金不足は、証拠金不足額として全額有価証券で代用できる。したがって、4が正しい。 本問の場合、1,500万円は現金で差し入れる必要があるが、200万円は有価証券で代用できる。 計算は下記の通り。 値洗後の差入証拠金＝現金＋代用有価証券 　　　　　　　　　＝0＋(6,000万円－200万円) 　　　　　　　　　＝5,800万円 計算上の損益額 　(98円50銭－100円)×1億円÷100円×10単位 　＝▲1,500万円 先物決済損益等　　　0万円 受入証拠金＝値洗後の差入証拠金＋計算上の損益額 　　　　　　　＋先物決済損益等 　　　　　＝5,800万円－1,500万円＋0＝4,300万円 証拠金所要額＝6,000万円 証拠金余剰・不足額＝受入証拠金－証拠金所要額 　　　　　　　　　＝4,300万円－6,000万円＝▲1,700万円 証拠金不足の発生により1,700万円を差し入れる必要がある。このうち現金で差し入れる必要があるのは、以下の現金余剰・不足額である。 現金余剰・不足額 　＝差入証拠金の現金＋計算上の損益額＋先物決済損益等 　＝0－1,500万円＋0＝▲1,500万円 残金200万円（1,700万円－1,500万円）は、有価証券で代用できる。	テ252、258

模擬想定問題 **2**

　　本試験と同一レベル・同一配分で作成した模擬想定問題を掲載しています。学習の総括として、ぜひチャレンジしてください。

　　また、専用の解答用紙を設けましたので、ご利用ください。

【試験の形式について】

・実際の試験は、ＰＣによる入力方式となります（電卓はＰＣの電卓を用います）。

・問題数は計45問（○×方式25問、四肢選択方式20問）です。

・配点は○×方式各５点、四肢選択方式各10点。

・解答時間は１時間40分です。

・合否は325点満点のうち、７割（230点以上）の得点で合格となります。

模擬想定問題 2 解答用紙

【この解答用紙の使い方】

・この解答用紙は、コピーしたり、本書から切り取るなどしてご利用ください。

・また、本書から切り取る際は、ハサミやカッターなどで手を傷つけないよう十分に
　ご注意ください。

・解答と解説は、問題の後部に掲載しています。

問	1 ○	2 ×	3	4
1	☐	☐		
2	☐	☐		
3	☐	☐		
4	☐	☐		
5	☐	☐	☐	☐
6	☐	☐	☐	☐
7	☐	☐		
8	☐	☐		
9	☐	☐	☐	☐
10	☐	☐		
11	☐	☐		
12	☐	☐	☐	☐
13	☐	☐	☐	☐
14	☐	☐	☐	☐
15	☐	☐	☐	☐
16	☐	☐		
17	☐	☐		
18	☐	☐	☐	☐
19	☐	☐	☐	☐
20	☐	☐	☐	☐
21	☐	☐		
22	☐	☐		
23	☐	☐		

問	1 ○	2 ×	3	4
24	☐	☐	☐	☐
25	☐	☐	☐	☐
26	☐	☐	☐	☐
27	☐	☐	☐	☐
28	☐	☐		
29	☐	☐		
30	☐	☐		
31	☐	☐		
32	☐	☐		
33	☐	☐		
34	☐	☐		
35	☐	☐		
36	☐	☐		
37	☐	☐		
38	☐	☐		
39	☐	☐		
40	☐	☐	☐	☐
41	☐	☐	☐	☐
42	☐	☐	☐	☐
43	☐	☐	☐	☐
44	☐	☐	☐	☐
45	☐	☐	☐	☐

【配点：○×方式各5点、四肢選択方式各10点】　計　　　　点（　　月　　　日解答）

模擬想定問題　2

【金融商品取引法】

次の文章について、正しい場合は○へ、正しくない場合は×の方へマークしなさい。

問1. 売買の取次ぎとは、自己の名をもって委託者の計算で有価証券を買い入れ又は売却すること等を引き受けることでブローカー業務という。

問2. 他の金融商品取引業者等に登録されている者や、監督上の処分により外務員登録を取り消されてから7年を経過していない者は、外務員登録ができない。

問3. 登録金融機関又はその役員若しくは使用人は、登録金融機関業務以外の業務において、金銭の貸付けその他信用の供与の条件として、有価証券の売買の受託等をする場合には、取引開始基準を設けなければならない。

問4. 馴合取引とは、上場有価証券等の売買等について、取引状況に関し、他人に誤解を生じさせる目的をもって、権利の移転、金銭の授受等を目的としない取引のことである。

【金融商品取引法】

問5.「損失補填等の禁止」に関する次の文章のうち、正しいものはどれか。正しい記述に該当するものをイ〜ハから選んでいる選択肢の番号を1つマークしなさい。

イ. 金融商品取引業者等は、有価証券の売買その他の取引等について、顧客に損失が生ずることとなった場合、これを補填することは禁止されているが、顧客にあらかじめ定めた利益が生じないこととなった場合、これを補填するために、財産上の利益を提供できる。

ロ. 顧客が損失補填を要求し約束させた場合、顧客の当該行為も処罰の対象となる。

ハ. 事故に起因する補填であることについて、金融商品取引業者等があらかじめ内閣総理大臣から確認を受けている場合等は、単なる事故処理として扱われ、損失補填には当たらないとされている。

1. 正しいのはイ及びロであり、ハは正しくない。
2. 正しいのはイ及びハであり、ロは正しくない。
3. 正しいのはロ及びハであり、イは正しくない。
4. イ、ロ及びハすべて正しい。

問6.「登録金融機関業務に関する規制」に関する次の文章のうち、正しいものはどれか。正しい記述に該当するものをイ〜ハから選んでいる選択肢の番号を1つマークしなさい。

イ．金融商品取引業者等又はその役職員が、有価証券の売買その他の取引等に関して、虚偽の表示をし、又は投資者の投資判断に重大な影響を及ぼすような重要な事項について誤解を生ぜしめるような表示をすることは禁止されており、この禁止規定は、故意・過失の有無を問わず適用される。

ロ．金融商品取引業者等は、金融商品取引契約を締結しようとするときは、あらかじめ顧客（特定投資家を除く）に対して、一定の事項を記載した契約締結前交付書面を交付しなければならない。

ハ．金融商品取引業者等は、顧客から有価証券等の売買に関する注文を受けたときは、原則として、あらかじめその顧客に対して、自己がその相手方となって売買を成立させるのか、又は媒介し、取次ぎし、若しくは代理して行うかの別を明らかにしなければならない。

1．正しいのはイ及びロであり、ハは正しくない。
2．正しいのはイ及びハであり、ロは正しくない。
3．正しいのはロ及びハであり、イは正しくない。
4．イ、ロ及びハすべて正しい。

【金融商品の勧誘・販売に関係する法律】

次の文章について、正しい場合は○へ、正しくない場合は×の方へマークしなさい。

問7.消費者契約法において、取消権は追認することができる時から、1年間行使しないときに消滅する。

問8.消費者契約法において、事業者が説明すべき重要事項の説明を行わなかった場合や、断定的判断の禁止に違反する行為を行った場合には、契約を取り消すことができる。

【金融商品の勧誘・販売に関係する法律】

問9. 次の文章について、正しいものはどれか。正しい記述に該当するものをイ〜ハから選んでいる選択肢の番号を1つマークしなさい。

イ. 個人情報を取り扱うに当たっては、「利用目的」を必ず特定しなければならない。

ロ. 個人情報を取得した場合は、あらかじめその利用目的を公表している場合を除き、速やかに、その利用目的を本人に通知し、又は公表しなければならない。

ハ. 個人情報保護法において、法令に基づく場合などを除くほか、あらかじめ本人の同意を得ないで、個人データを第三者に提供してはならない。

1. 正しいのはイ及びロであり、ハは正しくない。
2. 正しいのはイ及びハであり、ロは正しくない。
3. 正しいのはロ及びハであり、イは正しくない。
4. イ、ロ及びハすべて正しい。

【協会定款・諸規則】

次の文章について、正しい場合は○へ、正しくない場合は×の方へマークしなさい。

問10. 協会員は、有価証券の売買その他の取引等を行う場合には、管理上必要と認められる場合に限り、顧客の注文に係る取引と自己の計算による取引とを峻別しなければならない。

問11. 特別会員は、照合通知書による報告を行う時点で金銭及び有価証券等の残高がない顧客であっても、直前に行った報告以後1年に満たない期間において、その残高があった場合には、顧客に現在その残高がない旨の報告を照合通知書により行わなければならない。

問12. 次の文章について、正しいものはどれか。正しい記述に該当するものをイ〜ハから選んでいる選択肢の番号を1つマークしなさい。

イ．協会員は、ブル型のレバレッジ投資信託の勧誘を行う場合、当該投資信託の販売における勧誘開始基準を定め、顧客に対し、指標の下落などリスクの説明を行わなければならない。

ロ．協会員は、顧客（特定投資家を除く）と、有価証券関連デリバティブ取引等の販売に係る契約を締結しようとするときは、あらかじめ当該顧客に対し注意喚起文書を交付しなければならない。

ハ．協会員は、顧客（特定投資家を除く）と、特定店頭デリバティブ取引等の契約を初めて締結しようとするときは、当該取引のリスク等の内容を理解し、顧客の判断と責任において当該取引等を行う旨の確認を得るため、当該顧客から当該取引等に係る確認書を徴求しなければならない。

1．正しいのはイ及びロであり、ハは正しくない。
2．正しいのはイ及びハであり、ロは正しくない。
3．正しいのはロ及びハであり、イは正しくない。
4．イ、ロ及びハすべて正しい。

【協会定款・諸規則】

問13. 次の文章について、正しいものはどれか。正しい記述に該当するものをイ〜ハから選んでいる選択肢の番号を1つマークしなさい。

イ．特別会員は、特定店頭デリバティブ取引等の契約の締結については、各社の規模、業務の実情に応じて、節度ある運営を行うとともに、過度になることのないよう常に留意するものとされている。

ロ．特別会員は、登録金融機関業務に係る取引について、顧客に対し、損失の穴埋め、委託証拠金の新規又は追加の差入れのための信用の供与を自動的に行わなければならない。

ハ．特別会員は、同一名義人の当座貸越設定口座から、債券先物取引用口座への自動振替を行ってはならない。

1．正しいのはイ及びロであり、ハは正しくない。
2．正しいのはイ及びハであり、ロは正しくない。
3．正しいのはロ及びハであり、イは正しくない。
4．イ、ロ及びハすべて正しい。

【協会定款・諸規則】

問14. 「内部者登録カード」に関する次の文章のうち、正しいものはどれか。正しい記述に該当するものをイ～ハから選んでいる選択肢の番号を1つマークしなさい。

イ. 内部者登録カードの記載事項に、「氏名又は名称」は含まれる。

ロ. 内部者登録カードの記載事項に、「会社名、役職名及び所属部署」は含まれる。

ハ. 内部者登録カードの記載事項に、「上場会社等の役員等に該当することとなる上場会社等の名称及び銘柄コード」は含まれる。

1. 正しいのはイ及びロであり、ハは正しくない。
2. 正しいのはイ及びハであり、ロは正しくない。
3. 正しいのはロ及びハであり、イは正しくない。
4. イ、ロ及びハすべて正しい。

【協会定款・諸規則】

問15. 次の文章について、正しいものはどれか。正しい記述に該当するものをイ～ハから選んでいる選択肢の番号を1つマークしなさい。

イ. 協会員の従業員は、自己の有価証券の売買その他の取引等について、顧客の承諾があった場合に限り、当該顧客の名義又は住所を使用することができる。

ロ. 協会員の従業員は、有価証券の取引について、顧客と損益を共にする場合には、あらかじめ当該顧客の承諾を得なければならない。

ハ. 協会員の従業員は、有価証券の売買その他の取引等に関して顧客と金銭、有価証券の貸借（顧客の債務の立替を含む）を行ってはならない。

1. 正しいのはイのみであり、ロ及びハは正しくない。
2. 正しいのはロのみであり、イ及びハは正しくない。
3. 正しいのはハのみであり、イ及びロは正しくない。
4. イ、ロ及びハすべて正しくない。

【債券業務】

　次の文章について、正しい場合は○へ、正しくない場合は×の方へマークしなさい。

問16. 登録金融機関は、顧客からはね返り玉の買取りの申し出があった場合は、公共債であれば自社で販売したものでなくても買い取らなければならない。

問17. 既発の利付債を売買する場合には、直前利払日の翌日から受渡日までの経過日数に応じて、買方から売方に経過利子が支払われる。

問18. 次の文章のうち、正しいものはどれか。正しい記述に該当するものをイ〜ハから選んでいる選択肢の番号を１つマークしなさい。

イ．現先取引とは、将来の一定の時期に一定の条件で債券を受渡しすることをあらかじめ取り決めて行う売買取引で、約定日から１ヵ月以上先に受渡しをする場合をいう。

ロ．現先取引の対象顧客は、上場法人又は、経済的、社会的に信用のある個人に限られている。

ハ．現先取引ができる債券には、地方債、社債（新株予約権付社債を除く）が含まれる。

1．正しいのはイのみであり、ロ及びハは正しくない。
2．正しいのはロのみであり、イ及びハは正しくない。
3．正しいのはハのみであり、イ及びロは正しくない。
4．イ、ロ及びハすべて正しくない。

【債券業務】

問19. 発行価格が額面100円につき100円50銭、利率2.0％、期間10年の国債を、２年経過後に101円50銭で購入したときの直接利回りとして、正しいものはどれか。正しいものの番号を１つマークしなさい。
（注）答えは、小数第４位以下を切り捨ててある。

1．1.785％　　　2．1.927％　　　3．1.970％　　　4．2.487％

【債券業務】

問20. ある個人（居住者）が利率年1.8％、額面100万円の利付国債を売却（経過日数：146日）した場合の記述として正しいものはどれか。正しいものの番号を１つマークしなさい。

1．売却代金の他に経過利子7,200円を受け取る。
2．売却代金の他に経過利子7,171円を受け取る。
3．売却代金から経過利子5,737円が差し引かれる。
4．売却代金から経過利子7,171円が差し引かれる。

【投資信託及び投資法人に関する業務】

次の文章について、正しい場合は○へ、正しくない場合は×の方へマークしなさい。

問21. 投資信託委託会社は、投資信託財産に組み入れられている有価証券に係る議決権を始めとする一定の株主権等について、受益者に代わって受託会社に対してその行使を指図する。

問22. 協会員である投資信託の販売会社は、顧客に対し投資信託に係るトータルリターン（損益）を年1回以上通知しなければならない。

問23. 投資法人は、設立については登録制を採用しているが、業務については届出制を採用している。

【投資信託及び投資法人に関する業務】

問24. 次の文章のうち、投資法人に関する記述として正しいものはどれか。正しい記述に該当するものをイ〜ハから選んでいる選択肢の番号を1つマークしなさい。

イ．不動産投資法人の売買注文において、指値注文、成行注文ができる。
ロ．投資法人の合併、解散は、投資主総会の特別決議事項である。
ハ．投資法人制度において、一般事務受託者は、投資法人に委託され、その資産の保管に係る業務を行う者をいう。

1．正しいのはイ及びロであり、ハは正しくない。
2．正しいのはイ及びハであり、ロは正しくない。
3．正しいのはロ及びハであり、イは正しくない。
4．イ、ロ及びハすべて正しい。

問25. 次の文章について、正しいものはどれか。正しい記述に該当するものをイ～ハから選んでいる選択肢の番号を1つマークしなさい。

イ．ETFの取引単位は、10単位と定められている。

ロ．ETFは、特定の株価指数（TOPIX等）などの指数に連動する運用成果を目指す投資信託で、基準価額に基づく価格で売買される。

ハ．ETFは、取引所において上場株式と同様に売買できるが、課税関係は上場株式とは異なる制度が適用されている。

1．正しいのはイのみであり、ロ及びハは正しくない。

2．正しいのはロのみであり、イ及びハは正しくない。

3．正しいのはハのみであり、イ及びロは正しくない。

4．イ、ロ及びハすべて正しくない。

問26. 投資信託に関する記述である。それぞれの（　）に当てはまる語句を、a、bから正しく選んでいるものの番号を1つマークしなさい。

・（イ）型の発行証券は、換金するには市場で売却するしかない。

・（ロ）型の発行証券の買戻しは、純資産価格に基づいて行われる。

・（ハ）型は、（ニ）型に比べて、基金の資金量が安定している。

a．クローズドエンド　　　b．オープンエンド

1．イ＝a、ロ＝b、ハ＝a、ニ＝b

2．イ＝a、ロ＝b、ハ＝b、ニ＝a

3．イ＝b、ロ＝a、ハ＝a、ニ＝b

4．イ＝b、ロ＝a、ハ＝b、ニ＝a

問27. 居住者である個人が、以下の追加型株式投資信託の分配金を受け取る場合の普通分配金の額として正しいものはどれか。正しいものの番号を1つマークしなさい。

分配落前の基準価額：10,500円

個別元本：　　　　　9,800円

分配金：　　　　　　1,500円

1．700円　　　2．800円　　　3．1,000円　　　4．1,500円

【CP等短期有価証券業務】

次の文章について、正しい場合は○へ、正しくない場合は×の方へマークしなさい。

問28. 協会員は、国内CP及び短期社債の売買を取り扱う部門と融資部門との間でいわゆる機微情報の流出入の遮断等に十全を期することとなっている。

【その他の金融商品取引業務】

次の文章について、正しい場合は○へ、正しくない場合は×の方へマークしなさい。

問29. CARDsとは、外国貸付債権信託受益証券の一種で、国内の金融機関の貸付債権を信託した資産金融型証券である。

【証券市場の基礎知識】

次の文章について、正しい場合は○へ、正しくない場合は×の方へマークしなさい。

問30. 環境や社会的課題に資するプロジェクトに資金が使われる債券を、サステナビリティ・リンク・ボンドという。

問31. 証券取引等監視委員会は、証券検査、取引調査、開示検査及び犯則事件の調査を主な業務とし、強制調査権が付与されている。

【セールス業務】

次の文章について、正しい場合は○へ、正しくない場合は×の方へマークしなさい。

問32. 顧客と金融商品取引業者等との間には大きな情報格差があるため、投資の最終決定は外務員が行うべきである。

問33. 外務員は常に金融商品取引業者等の業務に携わるプロフェッショナルとして、その責務の面からも高い法令遵守意識や職業倫理と自己規律を身に付けて業務に当たっていくという姿勢が求められる。

【デリバティブ取引】

次の文章について、正しい場合は○へ、正しくない場合は×の方へマークしなさい。

問34. オプション取引を行った場合、オプションの買方の利益は、最大でもプレミアム分に限定される。

問35. オプション取引の投資戦略のうち、ストラドルの買いは、利益、損失とも限定され、損益分析点は1つである。

問36. CATボンドは、証券化商品の一種であり、ローン債権や債券（社債）、あるいはCDSを多数集めてプールしたポートフォリオを裏付けにした担保資産として発行される証券のことである。

問37. 先物取引では、1日の間の過度な価格の上昇や下落を防ぐ趣旨から、1日の価格変動幅に一定の制限を設けている。これを「制限値幅」という。

問38. 国債先物取引における呼値の単位は、額面100円当たり1銭とされている。

問39. 天候デリバティブは、異常気象と損害の因果関係の調査は不要である。

【デリバティブ取引】

問40. プット・オプションにおいて、下記の（A）〜（C）の状態のとき、①〜③に当てはまる記号の組み合わせとして正しいものの番号を1つマークしなさい。

（A）アット・ザ・マネー　　　　原資産価格　①　権利行使価格
（B）イン・ザ・マネー　　　　　原資産価格　②　権利行使価格
（C）アウト・オブ・ザ・マネー　原資産価格　③　権利行使価格

1. ①<　②>　③=
2. ①=　②<　③>
3. ①>　②=　③>
4. ①=　②>　③<

【デリバティブ取引】

問41. 次の文章について、正しいものはどれか。正しい記述に該当するものをイ〜ハから選んでいる選択肢の番号を1つマークしなさい。

イ．オプションの売方は、当初プレミアムを手に入れる代わりに、将来、権利行使があった場合に応じる義務があり、これはペイオフの支払い義務を、プレミアムを対価として引き受けていることになる。
ロ．イン・ザ・マネーの状態では、イントリンシック・バリューは存在しない。
ハ．コール・オプションの場合、原資産価格が上昇すると、プレミアムは低くなる。

1．正しいのはイのみであり、ロ及びハは正しくない。
2．正しいのはロのみであり、イ及びハは正しくない。
3．正しいのはハのみであり、イ及びロは正しくない。
4．イ、ロ及びハすべて正しくない。

【デリバティブ取引】

問42. 次の文章について、正しいものはどれか。正しい記述に該当するものをイ〜ハから選んでいる選択肢の番号を1つマークしなさい。

イ．オプションのガンマとは、原資産価格の微小変化に対するプレミアムの変化（⊿プレミアム）の比のことを指す。
ロ．オプションのオメガとは、原資産価格の変化率に対するプレミアムの変化率の割合を指す。
ハ．コールの買いのデルタは0〜1、プットの買いのデルタは−1〜0の範囲で動く。

1．正しいのはイ及びロであり、ハは正しくない。
2．正しいのはイ及びハであり、ロは正しくない。
3．正しいのはロ及びハであり、イは正しくない。
4．イ、ロ及びハすべて正しい。

問43. 次の表は、権利行使価格118円、プレミアム１円のプット・オプションの買方の満期時における市場価格と損益を表している。表中の（　　）に当てはまる数字の組み合わせとして正しいものはどれか。正しいものの番号を１つマークしなさい。なお、取引コストは考慮しないものとする。

満期時の市場価格	116	117	118	119	120
損　　益	（イ）	（ロ）	（ハ）	（ニ）	（ホ）

1．（イ）－１　（ロ）－１　（ハ）－１　（ニ）　０　（ホ）　１
2．（イ）－１　（ロ）　０　（ハ）　１　（ニ）　１　（ホ）　１
3．（イ）　１　（ロ）　１　（ハ）　１　（ニ）　０　（ホ）－１
4．（イ）　１　（ロ）　０　（ハ）－１　（ニ）－１　（ホ）－１

問44. 現在、Aさんは長期国債現物を額面10億円保有している。長期国債現物の価格は現在103.00円、長期国債先物の価格は137.00円であるが、先行き金利が低下し債券相場が値上がりすることが予想される。１ヵ月後には、予想したとおり長期国債現物は値上がりして109.50円、長期国債先物は143.20円になった。しかし、２ヵ月後には、長期国債現物は107.00円、長期国債先物は141.00円になった。

　この場合、Aさんが下記の投資を行ったとすると、最も収益を獲得できる投資を記述しているものの番号を１つ選びなさい。

（注）手数料、税金等は考慮しないものとする。

1．１ヵ月後に長期国債現物と同額面の長期国債先物を買い、２ヵ月後に長期国債先物を全額売却し、長期国債現物も全額売却した。
2．そのまま長期国債10億円を保有し、１ヵ月後に売却した。
3．直ちに保有する長期国債現物と同額面の長期国債先物を買い、１ヵ月後に長期国債先物を全額売却し、長期国債現物も全額売却した。
4．直ちに保有する長期国債現物と同額面の長期国債先物を売り、１ヵ月後に長期国債先物を全額買戻し長期国債現物も全額売却した。

【デリバティブ取引】

問45. 次の文章について、正しいものはどれか。正しい記述に該当するものをイ〜ハから選んでいる選択肢の番号を1つマークしなさい。

イ．トータル・リターン・スワップ（TRS）のプロテクション・セラーは、少ない資金負担で社債等を保有した場合と同様の経済効果が得られる。

ロ．クレジット・デフォルト・スワップ（CDS）は、信用事由が発生しなかった場合、支払われたプレミアムは掛け捨てとなる。

ハ．クレジット・デフォルト・スワップ（CDS）は、「参照組織の生命保険」といえる。

1．正しいのはイ及びロであり、ハは正しくない。
2．正しいのはイ及びハであり、ロは正しくない。
3．正しいのはロ及びハであり、イは正しくない。
4．イ、ロ及びハすべて正しい。

模擬想定問題 2　解答・解説

・参照ページは、2024〜2025特別会員 証券外務員 学習テキストのページとなっています。

科目	解　答		解　説	学習テキスト参照ページ
金融商品取引法	問1．○		なお、自己とは金融商品取引業者又は登録金融機関、委託者とは顧客のことである。	〒18
	問2．×		他の金融商品取引業者等に登録されている者や、監督上の処分により外務員登録を取り消されてから5年を経過しない者は、外務員登録ができない。	〒21
	問3．×		金銭の貸付けその他信用の供与の条件として、有価証券の売買の受託行為を行うことは、いかなる場合も禁止されている。	〒37
	問4．×		馴合取引とは、自己が行う売付け若しくは買付けと同時期に、それと同価格で他人がその金融商品の買付け若しくは売付けを行うことをあらかじめその者と通謀して、その売付け若しくは買付けを行うことをいう。問題文は、仮装取引についての記述である。	〒41
	問5．3	イ×	顧客にあらかじめ定めた利益が生じないこととなった場合、これを補塡し、又は補足するため財産上の利益を提供することも禁止されている。	〒28
		ロ○		
		ハ○	なお、内閣府令で定める事故とは、未確認売買、誤認勧誘、事務処理ミス、システム障害、その他法令違反行為をいう。	
	問6．4	イ○	問題文は、虚偽の表示の禁止の記述である。	〒31
		ロ○	問題文は、契約締結前の書面交付義務の記述である。	〒23
		ハ○	問題文は、取引態様の事前明示義務の記述である。	〒26
販売に関係する法律金融商品の勧誘・	問7．○		問題文は、取消権の行使期間の記述である。なお、霊感等を用いた告知に係る取消権については3年間となる。	〒60
	問8．○			〒59
	問9．3	イ×	個人情報を取り扱うに当たっては「利用目的」をできる限り特定しなければならない。	〒63
		ロ○		
		ハ○		
協会定款・諸規則	問10．×		協会員は、有価証券の売買その他の取引等を行う場合には、例外なく顧客の注文に係る取引と自己の計算による取引とを峻別し、顧客の注文に係る伝票を速やかに作成のうえ、整理、保存しなければならないとされている。	〒77
	問11．○			〒83

科目	解答	解説	学習テキスト参照ページ
協会定款・諸規則	問12. 4	イ○ なお、ブル型のレバレッジ投資信託は、純資産額の変動率が基準指標の2倍以上に設定されているため、純資産額が1％下落すると、基準価額が2％以上下落する可能性もある。	テ72
		ロ○	テ73
		ハ○	テ74
	問13. 2	イ○	テ75
		ロ× 信用の供与を自動的に行ってはならない（特別会員の自動的な信用供与の禁止等）。	テ78
		ハ○	テ78
	問14. 4	イ○	テ76
		ロ○	
		ハ○	
	問15. 3	イ× 協会員の従業員は、自己の有価証券の売買その他の取引等について、いかなる場合も顧客の名義又は住所を使用してはならない。	テ90
		ロ× 協会員の従業員は、有価証券の取引について、いかなる場合も顧客と損益を共にすることを約束して勧誘し又は実行してはならない。	テ89
		ハ○	テ90
債券業務	問16. ×	自社で窓口販売したものに限られる。ただし、公共債のディーリング業務の登録を受けている金融機関であれば、この制約はなく、他社で販売されたものであっても、ディーリング業務として買取りを行うことができる。	テ180
	問17. ○		テ190〜191
	問18. 3	イ× 現先取引とは、売買に際し同種、同量の債券等を、所定期日に、所定の価格で反対売買することをあらかじめ取り決めて行う取引である。問題文は、着地取引についての記述である。	テ182〜183
		ロ× 現先取引の対象顧客に、個人は含まれない。	テ183
		ハ○	テ183
	問19. 3	直接利回り $=\dfrac{利率}{購入価格}\times100$ （％） $=\dfrac{2.0}{101.50}\times100≒1.970\%$	テ188
	問20. 1	経過利子 $=\dfrac{額面(100円)当たり利子}{}\times\dfrac{経過日数}{365}\times\dfrac{売買額面総額}{100}$ $=1.8\times\dfrac{146}{365}\times\dfrac{1,000,000}{100}=7,200円$ 売却代金の他に、7,200円の経過利子を受け取れる。	テ190〜192
投資信託及び投資法人に関する業務	問21. ○		テ123
	問22. ○		テ126
	問23. ×	投資法人は、設立については届出制を採用しているが、業務については登録制を採用している。	テ145

科目	解答	解説	学習テキスト参照ページ
投資信託及び投資法人に関する業務	問24. 1	イ〇 上場株式と同様に、指値注文、成行注文のほか、信用取引も可能である。	テ147
		ロ〇	テ146
		ハ× 一般事務受託者とは、投資法人の委託を受けてその資産の運用及び保管に係る業務以外の業務に係る事務を行う者をいう。問題文は、資産保管会社の記述である。	テ148
	問25. 4	イ× ETFの取引単位は、10単位、1単位など、ファンドごとに定められている。	テ113
		ロ× 上場株式と同様に取引所における市場価格で売買される。	
		ハ× 税制も、基本的には上場株式と同様の制度が適用される。	
	問26. 1	なお、正しい文章は次のとおりとなる。 ・(イ a. クローズドエンド)型の発行証券は、換金するには市場で売却するしかない。 ・(ロ b. オープンエンド)型の発行証券の買戻しは、純資産価格に基づいて行われる。 ・(ハ a. クローズドエンド)型は、(ニ b. オープンエンド)型に比べて、基金の資金量が安定している。	テ114
	問27. 1	分配落後の基準価額＝10,500円−1,500円＝9,000円 「個別元本＞分配落後の基準価額」なので、「個別元本−分配落後の基準価額」が元本払戻金（特別分配金）となる。 元本払戻金（特別分配金）＝9,800円−9,000円＝800円 普通分配金＝1,500円−800円＝700円	テ136〜137
CP等短期有価証券業務	問28. 〇		テ199
その他の金融商品取引業務	問29. ×	CARDsとは、外国貸付債権信託受益証券の一種で、海外の金融機関の貸付債権を信託した資産金融型証券である。	テ205
証券市場の基礎知識	問30. ×	サステナビリティ・リンク・ボンドは、SDGs債のように資金使途を限定しない代わりに、発行体が自らのサステナビリティ戦略に基づくKPIを投資家に対し明示し、KPI毎に1つ若しくはそれ以上のSPT(s)を設定した上で、SPTの達成状況に応じて利払いや償還等の条件を変える債券である。問題文は、資金使途特定型のSDGs債であるサステナビリティボンドの記述である。	テ10〜11
	問31. 〇		テ6
セールス業務	問32. ×	顧客と金融商品取引業者等との間には大きな情報格差があるため、それらを是正し、顧客が適切かつ十分な情報を得たうえで、顧客自らの判断に基づいて投資を行うべきであることを理解する。	テ153
	問33. 〇		テ153

科目	解答	解説	学習テキスト参照ページ
デリバティブ取引	問34.　×	コール・オプションであってもプット・オプションであっても、オプションの買方の利益は無限定である。一方、損失は最大でもプレミアム分に限定される。	⊤222、238
	問35.　×	ストラドルの買いは、同じ権利行使価格のコールとプットを組み合わせて同じ量だけ買う戦略で、利益は無限定であるが、損失は限定される。また損益分岐点は2つである。	⊤230、238
	問36.　×	CATボンドは、高めのクーポンを投資家に支払う代わりに、元本毀損リスクを背負ってもらう仕組債である。問題文は、CDOの記述である。	⊤270、273
	問37.　○	これにより、相場が激変したとき等に市場参加者の混乱を抑える効果が期待されており、ひいては投資者保護にもつながるものである。さらに、相場過熱時には、取引の一時中断措置（サーキット・ブレーカー制度）が設けられている。	⊤250
	問38.　○		⊤248、255
	問39.　○	なお、天候デリバティブ（保険デリバティブ）は、実損填補を目的としていないため、一定の条件が満たされれば、実際に損害が発生しなくても損害保険会社（損保）から決済金が支払われる。地震オプションも同様である。	⊤271
	問40.　2	プット・オプションにおいて、 （A）アット・ザ・マネーとは、原資産価格と権利行使価格が等しい状態をいう。 （B）イン・ザ・マネーとは、原資産価格が権利行使価格を下回る状態で、権利行使したとき、手に入る金額がプラス（権利行使する）の状態をいう。 （C）アウト・オブ・ザ・マネーとは、原資産価格が権利行使価格を上回る状態で、権利行使しても何も手に入らない（権利放棄する）状態をいう。	⊤221
	問41.　1	イ○	⊤222
		ロ× イン・ザ・マネーの状態でのオプション・プレミアムは、イントリンシック・バリュー（本質的価値）とタイム・バリュー（時間価値）の合計である。アット・ザ・マネーやアウト・オブ・ザ・マネーの状態では、イントリンシック・バリューは存在しない（ゼロである）。	⊤223
		ハ× コール・オプションの場合、原資産価格が上昇すると、権利行使価格を超える可能性が高くなるのでプレミアムは高くなる。	⊤224
	問42.　3	イ× オプションのガンマとは、原資産価格の微小変化に対するデルタの変化の比のことを指す。問題文は、デルタの記述である。	⊤225
		ロ○ なお、原資産価格の「変化」ではなく、「変化率」で、原資産の投資収益率に当たる。	⊤226
		ハ○	⊤225、227

科目	解答	解説	学習テキスト参照ページ
デリバティブ取引	問43. 4	プット・オプションの買いの損益線 利益 118 0 −1 −1 損失 | 満期時の市場価格	116	117	118	119	120
損　益	1	0	− 1	− 1	− 1		ﾃ229
	問44. 3	①長期国債現物は、最も高い1ヵ月後の109.50円で売却すると、最も収益を獲得できる。 ②長期国債先物は、最も安い現在の137.00円で買建て、最も高い1ヵ月後の143.20円で転売すると、最も収益を獲得できる。 ③上記①及び②を組み合わせた投資を行っているのは、選択肢3である。 		長期国債現物	長期国債先物
---	---	---
現在の価格	103.00円	137.00円
1ヵ月後の価格	109.50円	143.20円
2ヵ月後の価格	107.00円	141.00円		ﾃ256
	問45. 4	イ〇　なお、TRSは、プロテクションの買手が、取引期間中、プロテクションの売手に社債等の参照資産から生ずるクーポン及び値上がり益を支払い、代わりに値下がり分及び想定元本に対して計算される短期金利を受け取るスワップ取引である。	ﾃ268
		ロ〇　なお、CDSは、プロテクションの買手が売手にプレミアムを支払い、その見返りとして、契約期間中に参照企業にクレジット・イベント（信用事由）が発生した場合に、損失に相当する金額を、売手から受け取る取引である。	ﾃ269
		ハ〇	ﾃ270

◆MEMO

~編者紹介~

株式会社 日本投資環境研究所 (略称 J-IRIS)

(Japan Investor Relations and Investor Support, Inc.)

　1980年4月設立。みずほフィナンシャルグループ。2017年4月1日の合併に伴い、旧社名みずほ証券リサーチ&コンサルティングより商号変更。

　コンサルティング・調査事業、教育事業（ＦＰ研修、外務員研修等）のサービス等を提供する総合調査研究機関。日本ＦＰ協会の認定教育機関として、認定研修や継続研修等も展開するほか、多くの金融機関で外務員資格取得研修等を行う。商工会議所などの公益法人などでの各種セミナー、ＦＰ関連の相談業務、レポートなどの情報も提供している。

http://www.j-iris.com/

2024〜2025　特別会員　証券外務員　［一種］対策問題集

2024年7月3日　初版第1刷発行

編　者　株式会社日本投資環境研究所

発行者　延　對　寺　　哲

発行所　株式会社 ビジネス教育出版社

〒102-0074　東京都千代田区九段南4-7-13
TEL 03(3221)5361(代表)　FAX 03(3222)7878
E-mail：info@bks.co.jp　https://www.bks.co.jp/

落丁・乱丁はお取替えします。　　　　　　　　　　　印刷製本：三美印刷株式会社

ISBN 978-4-8283-1083-1